汽车维修入门书系

汽车构造原理
快速入门 30天

李林 ◎ 主编

机械工业出版社
CHINA MACHINE PRESS

《汽车构造原理快速入门30天（彩色图解版）》是汽车基础知识和新技术的普及读物，以"每天一个专题"的形式，用大量生动的彩图和简洁易懂的语言对现代汽车的结构和工作原理进行了详细而全面的介绍，并突出了新知识、新技术。本书从汽车的总体结构开始介绍，接着分别讲解了汽车发动机，包括曲柄连杆机构、配气机构、润滑系统、冷却系统、燃油供给系统等的结构与原理；汽车底盘，包括离合器、手动变速器、自动变速器、四轮驱动系统、悬架、转向和制动系统等的结构与原理；汽车电器、汽车车身及新能源汽车的结构与原理。本书对近年来的热点技术，如涡轮增压、双离合变速器、纯电动动力系统、混合动力系统等均进行了介绍。

本书既可作为汽车服务行业及相关行业从业人员的入门读物，也可作为汽车培训机构及大中专院校师生的参考书，还可作为广大车主和汽车爱好者的科普读物。

图书在版编目（CIP）数据

汽车构造原理快速入门30天：彩色图解版/李林主编.—北京：机械工业出版社，2018.11

（汽车维修入门书系）

ISBN 978-7-111-61276-6

Ⅰ.①汽… Ⅱ.①李… Ⅲ.①汽车-构造-图解 Ⅳ.①U463-64

中国版本图书馆CIP数据核字（2018）第247138号

机械工业出版社（北京市百万庄大街22号　邮政编码100037）
策划编辑：杜凡如　　　责任编辑：杜凡如　孟　阳
责任校对：张　薇　王　延　封面设计：鞠　杨
责任印制：李　昂
北京瑞禾彩色印刷有限公司印刷
2019年1月第1版第1次印刷
184mm×260mm・14.5印张・353千字
0001—4000册
标准书号：ISBN 978-7-111-61276-6
定价：89.00元

凡购本书，如有缺页、倒页、脱页，由本社发行部调换

电话服务	网络服务
服务咨询热线：010-88361066	机 工 官 网：www.cmpbook.com
读者购书热线：010-68326294	机 工 官 博：weibo.com/cmp1952
010-88379203	金 书 网：www.golden-book.com
封面无防伪标均为盗版	教育服务网：www.cmpedu.com

FOREWORD
前　言

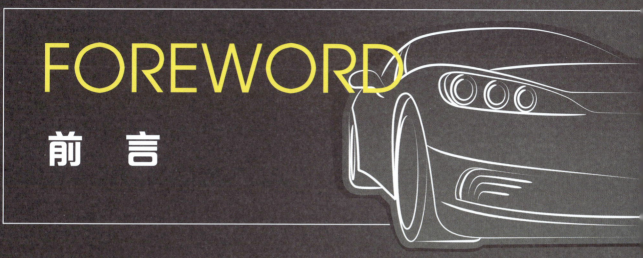

　　目前，汽车已经成为人们日常生活中离不开的代步工具，成为日常生活中重要的一部分，越来越多的人希望了解汽车的结构和工作原理。同时，汽车保有量的逐步增加对汽车保养与服务行业提出了前所未有的挑战，为让更多刚刚接触汽车服务行业及相关行业的从业人员熟悉汽车的结构与工作原理，进而掌握维修技能和操作方法，特编写此书。

　　本书共分 30 天内容（30 个专题），详细讲解了汽车发动机、底盘、空调系统、电器系统、纯电动汽车、混合动力汽车的构造与工作原理。

　　本书内容翔实、准确且生动，采用图文结合的方式来描述汽车各系统的结构及工作原理，易于理解和掌握。

　　本书既可作为汽车服务行业及相关行业从业人员的入门读物，也可作为汽车培训机构及大中专院校师生的参考书，还可作为广大车主和汽车爱好者的科普读物。

　　本书由李林主编，参加编写工作的有李春、颜雪飞、颜复湘、欧阳汝平、李孝武、朱莲芳、李桂林、周家祥、陈庆吉、李玲玲、颜雪凤。

　　由于本书涉及的汽车知识较广，书中难免有不妥之处，恳请广大读者指正。

编者

CONTENTS

目 录

前言

第1天 汽车的总体结构 / 1
1. 汽车的构成 / 1
2. 发动机 / 1
3. 底盘 / 2
4. 车身 / 4
5. 汽车电器 / 6

第2天 发动机的结构与工作原理 / 7
1. 汽油发动机机械结构 / 7
2. 发动机的基本术语 / 8
3. 四冲程发动机工作原理 / 9 [视频]
4. 发动机的结构形式 / 10
5. 悬置系统 / 12
6. 多楔带传动机构 / 13

第3天 发动机壳体（机体组）/ 14
1. 概述
2. 气缸盖 / 16
3. 气缸体 / 18

第4天 曲轴传动机构 / 20
1. 概述 / 20 [视频]
2. 曲轴 / 22
3. 活塞连杆机构 / 24
4. 平衡轴 / 26

第5天 气门机构 / 28
1. 概述 / 28
2. 气门机构的组成 / 29
3. 正时链条传动 / 32
4. 正时齿带传动 / 34
5. 可变气门正时系统(VVT) / 34
6. 可变气门升程系统 / 38 [视频]

第6天 润滑系统 / 42
1. 概述 / 42
2. 润滑系统油路 / 43
3. 机油泵 / 45
4. 机油滤清器与机油冷却器 / 48

目 录

第 7 天　冷却系统 / 50
1. 概述 / 50
2. 节温器与冷却液循环 / 52
3. 双通道冷却系统 / 53

第 8 天　进气和排气系统 / 55
1. 概述 / 55
2. 进气系统 / 56
3. 可变进气歧管 / 58 [视频]
4. 排气系统 / 59

第 9 天　涡轮增压系统 / 61
1. 概述 / 61
2. 空气增压系统 / 62
3. 废气旁通阀与增压空气再循环阀 / 63
4. 涡轮增压器 / 64

第 10 天　燃油供给系统 / 66
1. 概述 / 66
2. 燃油箱与燃油泵 / 67
3. 燃油喷射系统 / 69 [视频]
4. 高压喷油器 / 71
5. 燃油蒸发排放系统 / 73
6. 曲轴箱通风系统 / 74

第 11 天　点火系统 / 75
1. 概述 / 75
2. 独立点火系统 / 76
3. 分组点火系统 / 77
4. 点火线圈与火花塞 / 78

第 12 天　传动系统的结构原理 / 79
1. 概述 / 79
2. 离合器 / 81
3. 传动轴与半轴 / 83
4. 主减速器与差速器 / 85 [视频]
5. 整体式后桥 / 87

第 13 天　传动系统的布置形式 / 88

第 14 天　手动变速器 / 91
1. 概述 / 91
2. 换档操纵机构 / 93
3. 换档拨叉与拨叉轴 / 95 [视频]
4. 6 档手动变速器 / 97
5. 5 档手动变速器 / 100
6. 输入轴与输出轴 / 102

第 15 天　行星齿轮式自动变速器 / 103
1. 概述 / 103
2. 电液换档机构 / 105
3. 液力变矩器 / 106
4. 换档执行机构 / 108
5. 行星齿轮机构 / 110
6. 驻车锁止机构 / 111

第 16 天　无级变速器（CVT）/ 112
1. 概述 / 112
2. CVT 的结构形式 / 113

3. CVT 的动力传递路线 / 115

4. 无级变速组件 / 116

5. 传动比的连续调节 / 117

第 17 天　双离合变速器 / 118

1. 概述 / 118

2. 6 档湿式双离合变速器 / 119

3. 7 档干式双离合变速器 / 125

4. 7 档湿式双离合变速器 / 129

第 18 天　四轮驱动系统 / 132

1. 概述 / 132

2. 分动器 / 133

3. 带黏性耦合器的四轮驱动系统 / 134

4. 大众 4 MOTION 全时四轮驱动系统 / 135

5. 宝马 xDrive 四轮驱动系统 / 137

第 19 天　转向系统 / 139

1. 齿轮齿条式转向系统 / 139

2. 转向管柱 / 141

3. 液压助力转向系统 / 143

4. 电动助力转向系统（EPS）/ 145

第 20 天　行驶系统 / 147

1. 概述 / 147

2. 独立悬架与非独立悬架 / 150

3. 副车架 / 151

4. 弹簧和减振器 / 152

5. 转向节、车轮轴承与轮毂 / 153

6. 导向装置 / 154

7. 稳定杆 / 155

8. 车轮与轮胎 / 156

第 21 天　减振器与空气弹簧 / 157

1. 单筒式充气减振器 / 157

2. 双筒式充气减振器 / 158

3. 空气弹簧系统 / 159

4. PDC 减振器 / 161

第 22 天　前悬架 / 164

1. 麦弗逊式前悬架 / 164

2. 双横臂式前悬架 / 165

3. 四连杆式前悬架 / 167

4. 带拉杆的双铰接弹簧减振支柱前悬架 / 168

第 23 天　后悬架 / 169

1. 钢板弹簧式非独立悬架 / 169

2. 扭杆梁式和纵摆臂式后悬架 / 170

3. 梯形连杆式后悬架 / 171

4. 四连杆式后悬架 / 172

5. 五连杆式后悬架 / 173

第 24 天　制动系统 / 174

1. 概述 / 174

2. 盘式制动器 / 176

3. 鼓式制动器 / 177

4. 驻车制动系统 / 178

第25天 制动控制系统（ABS/ESP）/ 181

1. ABS 系统概述 / 181
2. ABS 的工作原理 / 181
3. ABS/ESP 液压单元与控制单元 / 184
4. ESP / 185

第26天 汽车空调系统 / 187

1. 概述 / 187
2. 空调制冷系统 / 189
3. 空调送风系统 / 191

第27天 汽车电器系统 / 193

1. 电动车门窗系统 / 193
2. 电动刮水和清洗装置 / 194
3. 电动天窗系统 / 195
4. 门锁遥控系统 / 196
5. 智能钥匙系统 / 197
6. 照明系统 / 198
7. 音响系统 / 199
8. 安全气囊系统 / 201

第28天 车身结构 / 203

1. 白车身 / 203
2. 车门 / 204
3. 发动机舱盖与行李箱盖 / 205
4. 前后保险杠 / 206
5. 侧框架和车顶 / 207
6. 底板总成 / 208

第29天 纯电动汽车（EV）/ 209

1. 纯电动车概述 / 209 [视频]
2. 宝马i3纯电动车 / 212 [视频]
3. 奔驰 smart 纯电动汽车 / 214

第30天 混合动力汽车（HV/HEV）/ 215

1. 混合动力系统概述 / 215
2. 丰田混合动力系统 / 218
3. 奔驰混合动力系统 / 221

第1天 汽车的总体结构

1. 汽车的构成

汽车通常由动力总成(发动机 + 变速器)、底盘、车身和电器设备四部分组成,其基本结构如图 1-1 所示。

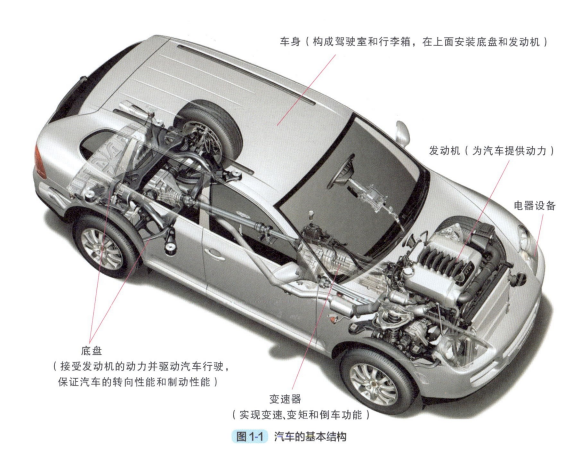

图 1-1 汽车的基本结构

2. 发动机

汽车发动机用于将燃料的化学能转化成机械能。大多数汽车都采用往复活塞式内燃机,它一般由曲柄连杆机构、配气机构、燃油供给系统、冷却系统、润滑系统、点火系统(针对汽油发动机)和起动系统等部分组成。发动机的基本结构如图 1-2 所示。

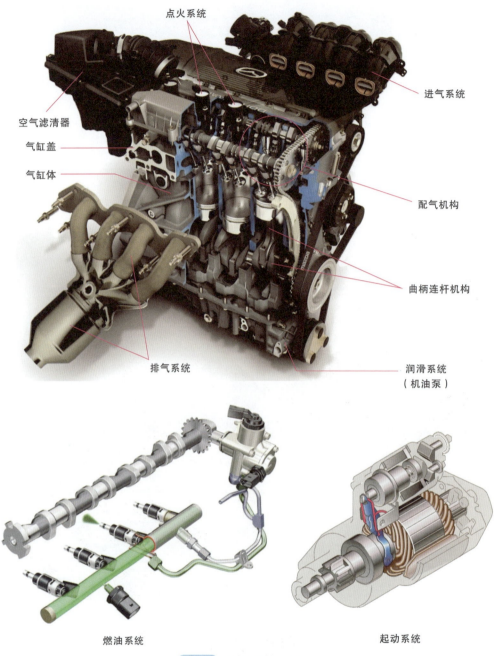

图1-2 发动机的基本结构

3. 底盘

汽车底盘接受发动机的动力,将发动机曲轴的旋转运动转变成整车的水平运动,并保证汽车按照驾驶人的操纵意愿正常行驶。底盘由传动系统、行驶系统、转向系统和制动系统四部分组成。汽车底盘的构成如图1-3所示。

汽车的总体结构 第1天

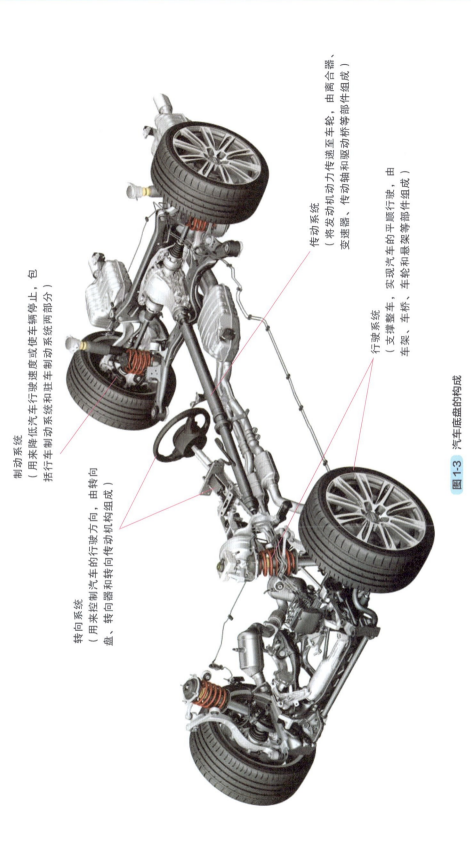

制动系统
（用来降低汽车行驶速度或使车辆停止，包括行车制动系统和驻车制动系统两部分）

转向系统
（用来控制汽车的行驶方向，由转向盘、转向器和转向传动机构组成）

传动系统
（将发动机动力传递至车轮，由离合器、变速器、传动轴和驱动桥等部件组成）

行驶系统
（支撑整车，实现汽车的平顺行驶，由车架、车桥、车轮和悬架等部件组成）

图1-3 汽车底盘的构成

3

4. 车身

汽车车身既是驾驶人的工作空间,也是搭载乘客和装载货物的空间。车身应为驾驶人提供方便的操作条件,并为乘客提供舒适安全的环境并保证货物完好无损。承载式车身的结构如图1-4所示。

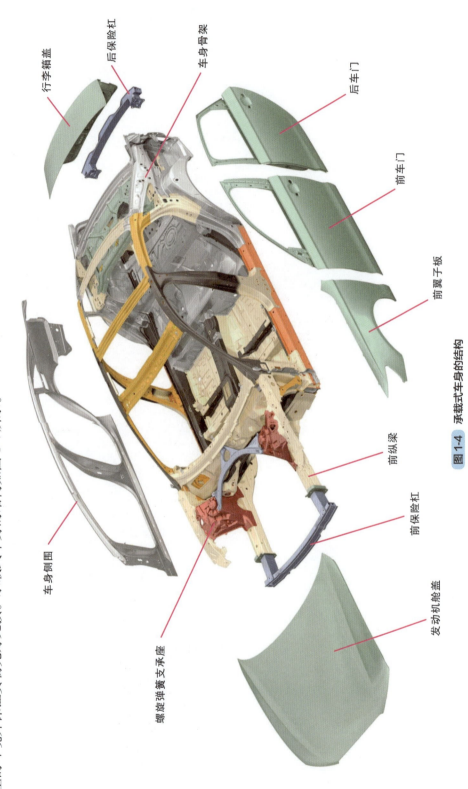

图1-4 承载式车身的结构

采用非承载式车身的汽车有一刚性车架,又称底盘大梁架。发动机和传动系统的一部分固定在车架上,非承载式车身通过橡胶软垫或弹簧与车架柔性连接。车架通过悬架与车轮连接。非承载式车身重量大,刚性高,一般用在货车和越野车上。非承载式车身的结构如图 1-5 所示。

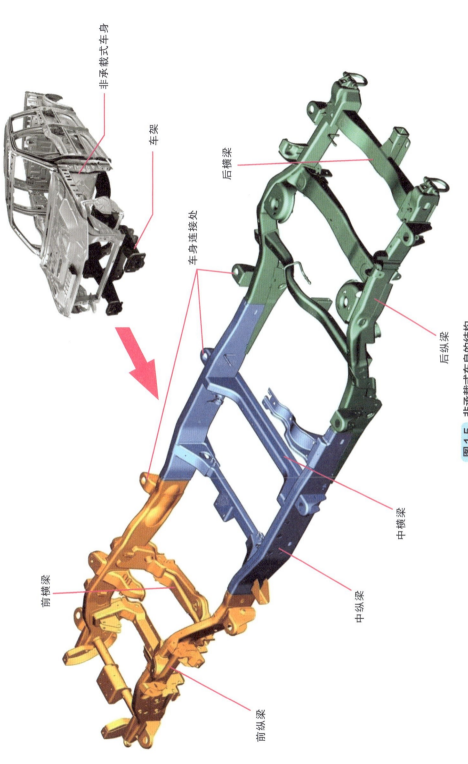

图 1-5 非承载式车身的结构

5. 汽车电器

汽车电器设备（图1-6）包括电源系统、起动系统、点火系统、照明装置、信号装置、仪表以及各种辅助电子设备，这些设备大大提高了汽车的使用性能。

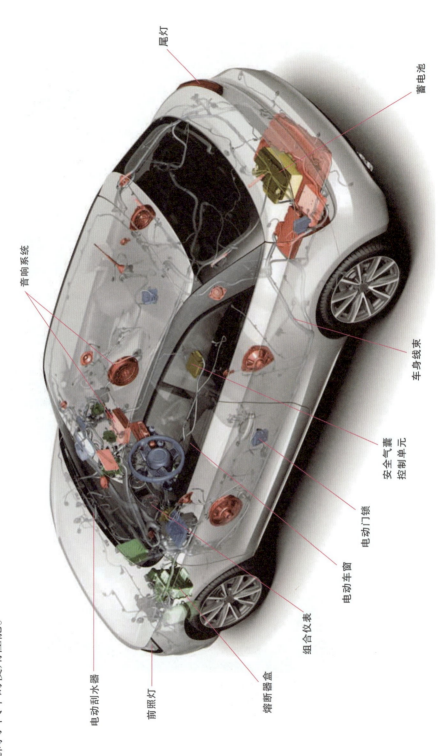

图1-6 汽车电器设备的构成

第2天　发动机的结构与工作原理

1. 汽油发动机机械结构

汽油发动机负责将汽油内存储的化学能量通过一个热力学过程转化为机械能。油气混合气的燃烧促使活塞往复运动。曲柄连杆机构使活塞的直线往复运动转化为曲轴的圆周运动。

汽油发动机的机械结构如图 2-1 所示。

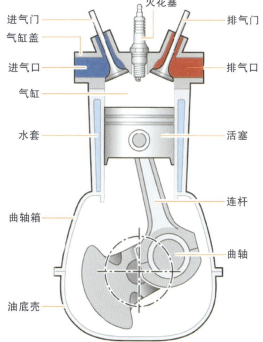

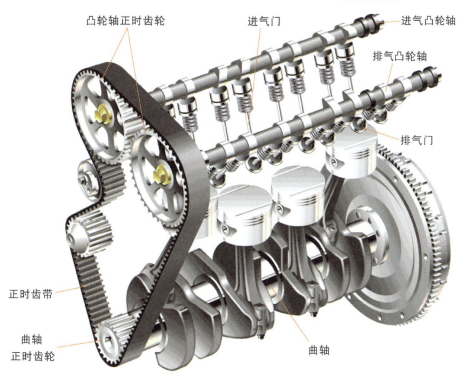

图 2-1　汽油发动机机械结构

2. 发动机的基本术语

发动机的基本术语如图 2-2 所示。

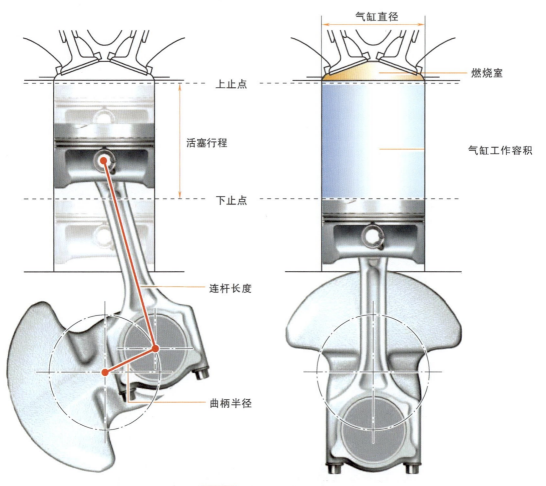

图 2-2 发动机的基本术语

① 上止点（TDC）：活塞距曲轴回转中心最远处，通常指活塞上行所能达到的最高位置。
② 下止点（BDC）：活塞距曲轴回转中心最近处，通常指活塞下行所能达到的最低位置。
③ 活塞行程：活塞在气缸上下止点之间的移动距离。
④ 曲柄半径：与连杆下端（连杆大头）相连的曲柄销中心到曲轴回转中心的距离。曲轴每转一圈，活塞移动两个行程。
⑤ 气缸工作容积：活塞从上止点运动到下止点所扫过的容积。
⑥ 排量：发动机所有气缸工作容积之和。
⑦ 燃烧室容积：活塞在上止点时，活塞顶与气缸盖围成的空间叫燃烧室，其容积叫燃烧室容积。
⑧ 气缸总容积：活塞在下止点时，活塞上方的容积称为气缸总容积，它等于气缸工作容积与燃烧室容积之和。
⑨ 压缩比：气缸总容积与燃烧室容积的比值。压缩比表示活塞由下止点运动到上止点时，气缸内气体被压缩的程度。

3. 四冲程发动机工作原理

四冲程汽油发动机通过进气、压缩、做功和排气四个行程来完成一个工作循环。图 2-3 所示为四冲程汽油发动机的工作原理。

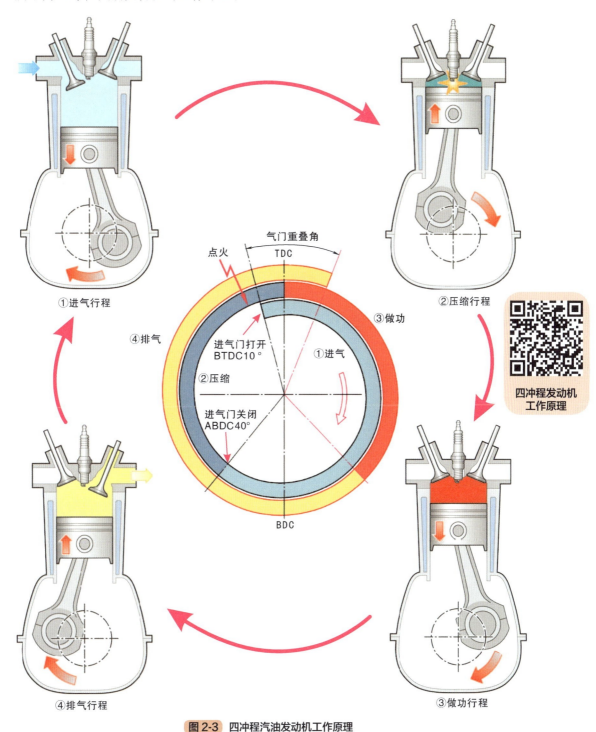

图 2-3 四冲程汽油发动机工作原理

4. 发动机的结构形式

按照气缸布置形式进行分类，发动机可分为直列式（L型）发动机（图2-4）、V型发动机（图2-5）、水平对置式发动机（图2-6）、VR型发动机（图2-7）和W型发动机（图2-8）。

图2-4 直列式发动机（L4）

图2-5 V型发动机（V8）

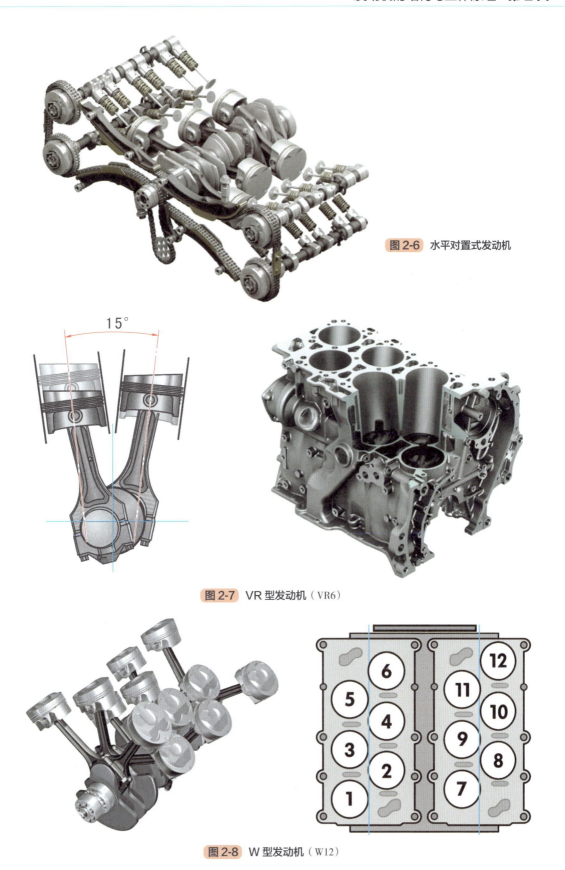

图 2-6 水平对置式发动机

图 2-7 VR 型发动机（VR6）

图 2-8 W 型发动机（W12）

5. 悬置系统

悬置系统用来支撑动力总成，抑制包括内部反作用力造成的动力装置的动态位移，防止来自发动机等处的起振力向车身传递振动。带液压支撑的奥迪 Q3 悬置系统如图 2-9 所示。

汽车一般采用三点式或四点式橡胶悬置，配置较高的车型会配合液压悬置或主动控制支座一起使用。主动控制支座（图 2-10）能上、下移动以消除传递至车架的发动机振动，提高驾乘舒适性。

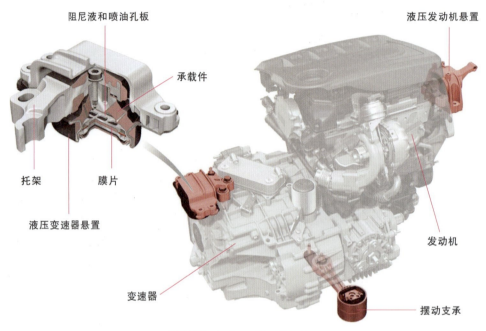

图 2-9 奥迪 Q3 的悬置系统

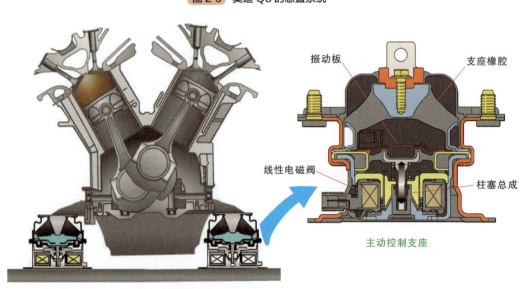

图 2-10 带主动控制支座的悬置系统

6. 多楔带传动机构

发动机的附件传动带属于多楔带,单面呈多 V 形,其在高速运转时也能安静且无振动。

如图 2-11 所示,多楔带由曲轴经带有减振装置的带轮来驱动。空调压缩机、发电机和水泵都是由多楔带来驱动的。多楔带由张紧器保持在合适的松紧状态。

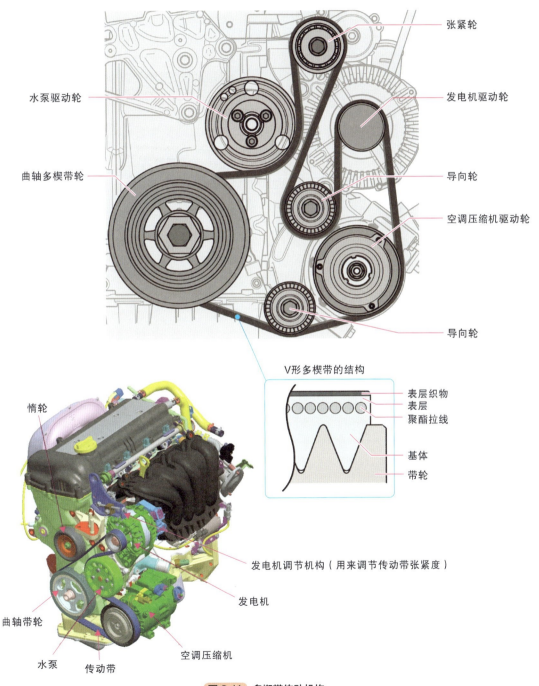

图 2-11 多楔带传动机构

第 3 天　发动机壳体（机体组）

1. 概述

发动机壳体又称机体组，包括气缸盖、气缸体、曲轴箱和油底壳等部件，以及多个密封垫和螺栓。机体组的作用主要包括：

1）吸收发动机运行过程中产生的各种作用力。

2）对燃烧室、机油和冷却液起到密封作用。

3）固定曲轴传动机构、气门机构等部件。

直列发动机机体组的主要部件如图 3-1 所示。一些发动机的曲轴箱采用了分体式设计，结构如图 3-2 所示。

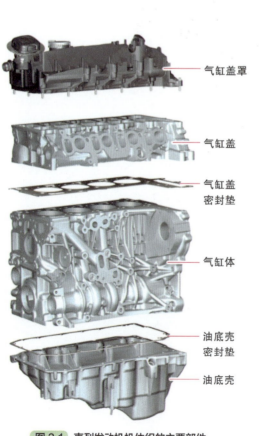

图 3-1　直列发动机机体组的主要部件

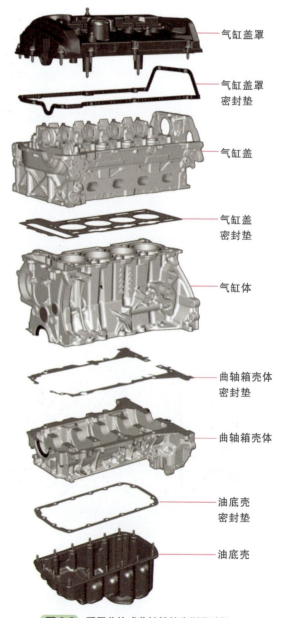

图 3-2　采用分体式曲轴箱的直列发动机

V型发动机的机体组如图3-3所示。V型发动机的气缸有两列,两个气缸列成一定的角度(常见的是60°)对称布置,这种类型的发动机具有两个气缸盖和气缸盖罩。

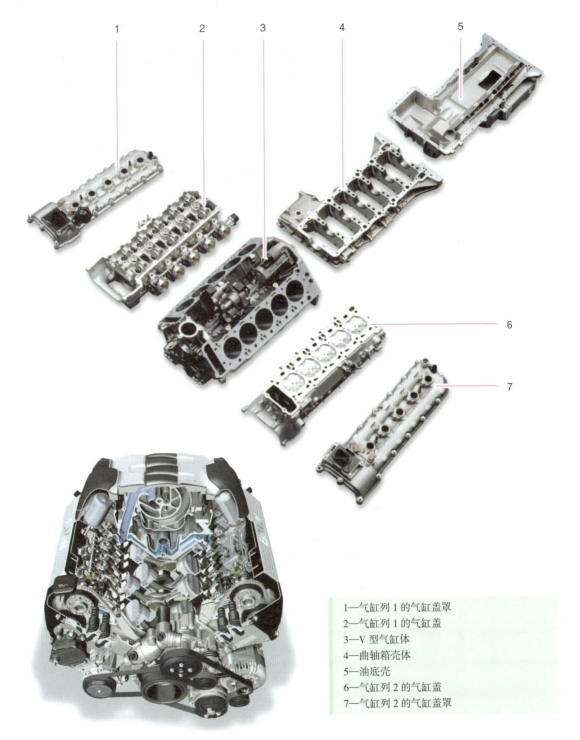

1—气缸列1的气缸盖罩
2—气缸列1的气缸盖
3—V型气缸体
4—曲轴箱壳体
5—油底壳
6—气缸列2的气缸盖
7—气缸列2的气缸盖罩

图3-3 V型发动机的机体组

2. 气缸盖

气缸盖的形状在很大程度上取决于所包含的相关部件。

燃烧室是由活塞、气缸盖和气缸壁围成的空间。气缸盖的顶部构成了燃烧室顶，它与活塞顶的几何形状一起决定了燃烧室的形状。气缸盖上安装的部件如图 3-4 所示。

奥迪 EA888 涡轮增压发动机的气缸盖如图 3-5 所示。排气歧管集成安装到气缸盖中，这样废气再循环冷却过程可在气缸盖内进行。进气和排气凸轮轴有可变气门正时功能，排气凸轮轴还有气门升程切换功能，可让气门在两个不同的凸轮轮廓上打开和关闭。

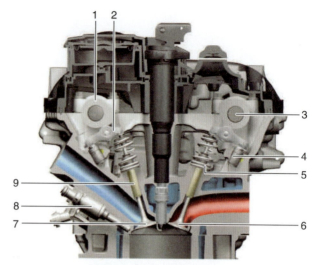

图 3-4　气缸盖上安装的部件

1—进气凸轮轴
2—滚子式气门摇臂
3—排气凸轮轴
4—液压挺柱
5—气门弹簧
6—排气门
7—进气门
8—喷油器
9—气门导管

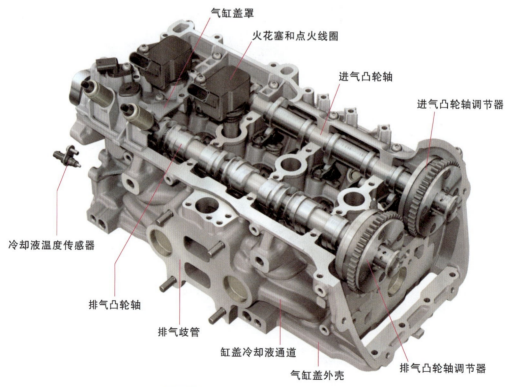

图 3-5　奥迪 EA888 发动机的气缸盖

奥迪 1.2L TFSI 发动机气缸盖及气缸盖上的部件如图 3-6 所示。

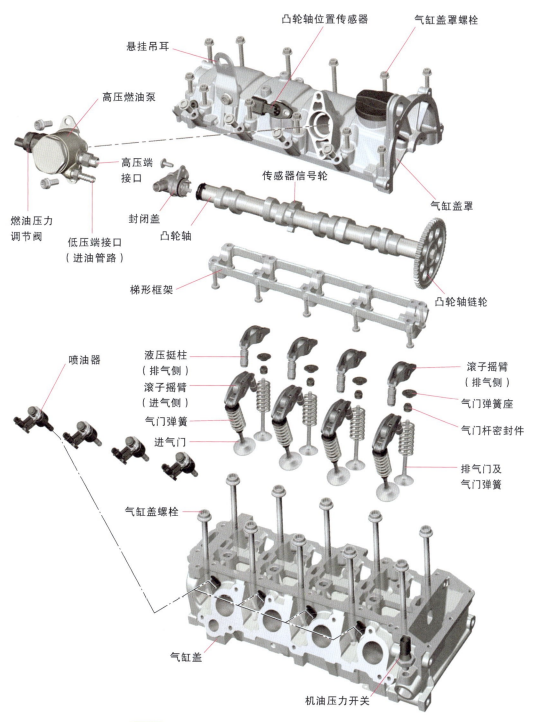

图 3-6 奥迪 1.2L TFSI 发动机气缸盖及气缸盖上的部件

3. 气缸体

发动机气缸体包括气缸、冷却水套和曲轴传动机构壳体三部分。缸体的主要功能包括吸收作用力和转矩，固定曲轴传动机构，固定和连接气缸，支撑曲轴，提供冷却液和机油输送通道，集成曲轴箱通风系统，固定各种附属总成，使曲轴空间与外界隔离密封。

气缸体的结构及缸套的类型如图3-7所示。缸体内浇注有压力机油供应通道、机油回流通道、曲轴箱排气通道和冷却液通道。

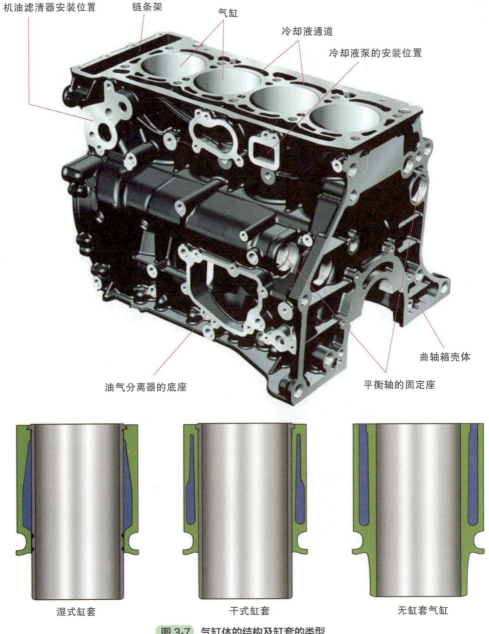

图3-7 气缸体的结构及缸套的类型

大众 2.0L TSI 发动机的气缸体结构如图 3-8 所示,其曲轴箱通风装置中的油气分离器壳体完全集成安装在气缸体上。

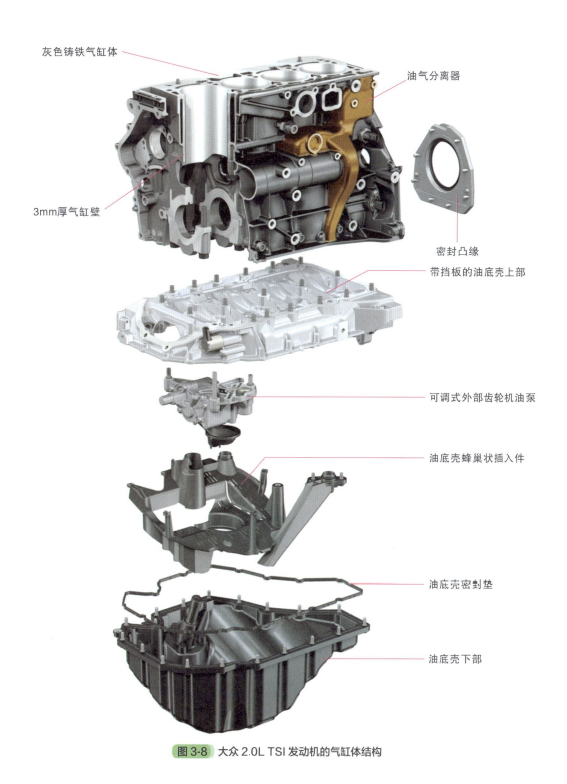

图 3-8　大众 2.0L TSI 发动机的气缸体结构

第 4 天 曲轴传动机构

1. 概述

曲轴传动机构（图 4-1）的功能是将燃烧室压力转化为动能。曲轴、连杆主要用来改变力的方向，将活塞的往复运动转化为曲轴的旋转运动，然后对外做功。曲轴前端主要用来驱动配气机构、水泵、机油泵、空调压缩机、动力转向泵等附属部件。曲轴后端采用凸缘结构，用以安装飞轮。

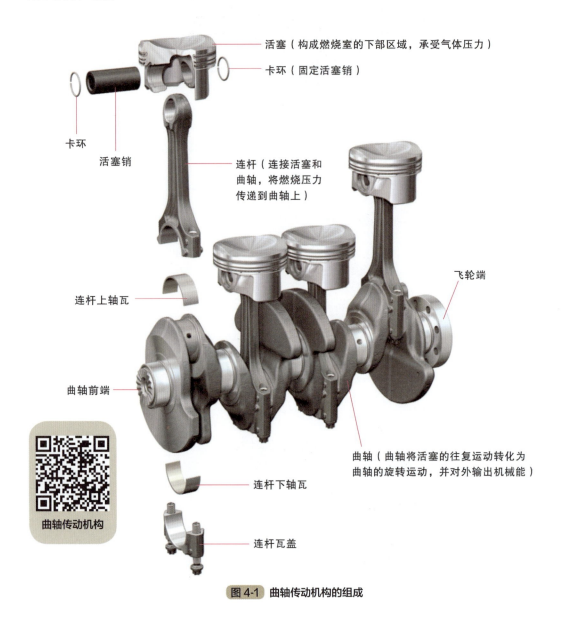

图 4-1 曲轴传动机构的组成

奥迪 1.4L TFSI 发动机的曲轴传动机构如图 4-2 所示。曲轴通过主轴承支撑在发动机缸体上，活塞连杆机构则安装在连杆轴承上。曲轴在自转的同时，通过曲轴链轮、正时链条和凸轮轴链轮带动凸轮轴旋转，从而控制配气机构。

该发动机为了提高曲轴刚度，减小了曲轴和连杆轴承的宽度，在曲轴易产生弯曲变形的部位加大曲拐臂宽度。

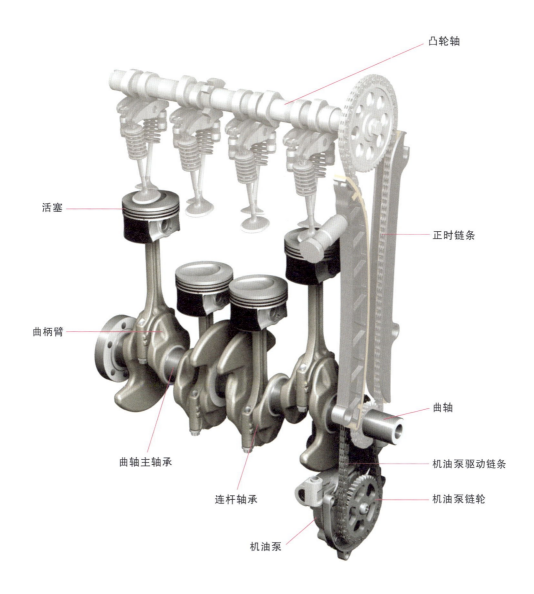

图 4-2 奥迪 1.4L TFSI 发动机的曲轴传动机构

2. 曲轴

曲轴通常由灰铸铁制成。连杆轴颈或曲柄轴颈与曲轴通过曲柄臂连接，连杆轴颈和曲柄臂组成的部分也称曲柄。此外，曲轴上布置有油道用来润滑曲轴轴承。

直列 4 缸发动机曲轴的结构如图 4-3 所示。该曲轴只有 4 个平衡重，但与具有 8 个平衡重的曲轴的运转特性是相同的，因此重量大大减轻。

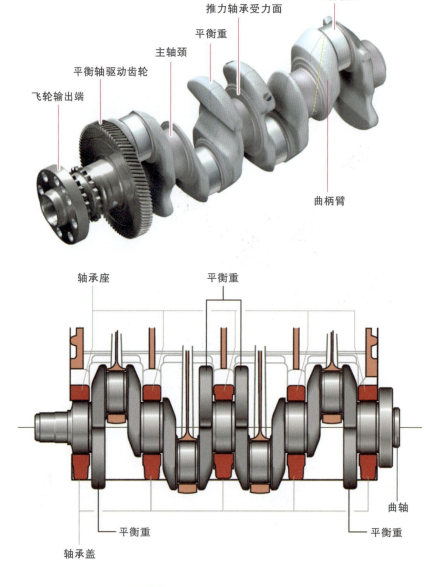

图 4-3　直列 4 缸发动机曲轴的结构

在一般的发动机上,每个连杆轴颈旁都有一个曲轴主轴承;每个连杆轴颈上都有一个连杆(V型发动机上有两个)。也就是说,一台直列6缸发动机的曲轴有7个主轴承轴颈,同一台V型12缸发动机的主轴承轴颈数正好相等。主轴承从前向后编号。

宝马S85B50发动机的曲轴结构如图4-4所示。该V10发动机的曲轴一共有6个主轴承、5个连杆轴颈,每个连杆轴颈上有两个连杆。

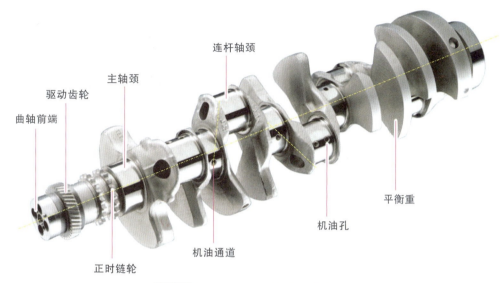

图4-4 宝马S85B50发动机的曲轴结构

齿轮模块

曲轴通过一个齿轮模块向不同控制链条传力。如图4-5所示,齿轮模块的三个齿轮分别驱动平衡轴、凸轮轴及机油泵。曲轴螺栓将曲轴带轮、齿轮模块与曲轴连接在一起。

为增加接触面积,在所有三个元件的侧面都装有齿轮,使它们互相啮合在一起,这样就能用一个小直径的部件来传递大转矩。

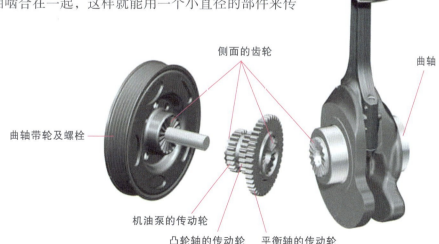

图4-5 曲轴齿轮模块

3. 活塞连杆机构

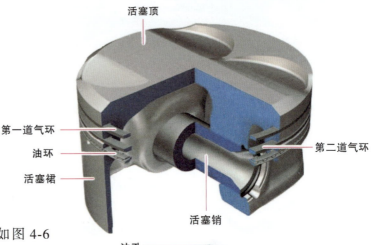

发动机的活塞连杆机构如图 4-6 所示。

活塞主要由活塞顶、带有环槽的活塞环部分、活塞销座和活塞裙组成。

活塞的任务是承受燃烧过程中产生的压力,并通过活塞销和连杆将其传至曲轴。在此过程中将热能转化为机械能。

活塞需要承受极高负荷,一方面是机械负荷,另一方面是热负荷。

连杆有大小两个头。连杆小头通过活塞销与活塞连接,连杆小头顶端的一个开孔为轴承提供机油。

分体式连杆大头位于曲轴侧。连杆大头必须采用分体形式,以使连杆支撑在曲轴上。其功能通过滑动轴承来保证。滑动轴承由两个轴瓦构成,曲轴内的一个油孔为轴承提供机油。

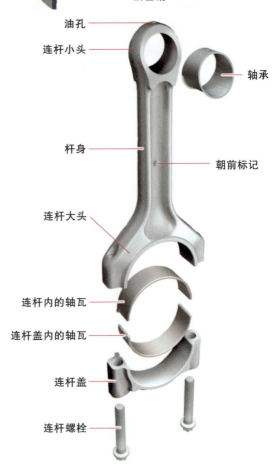

图 4-6 发动机的活塞连杆机构

梯形连杆

如图 4-7 所示,梯形连杆的小头横截面为梯形。即在连杆小头处由连杆轴端部向连杆顶部逐渐变细。这一方面可减轻重量,另一方面可增加承受负荷的轴承宽度,因此提高了活塞连杆的承压能力。

梯形连杆的另一个优点是可取消连杆小头内的油孔,机油可利用滑动轴承的倾斜渗入。这可使该侧连杆更窄小,起到减重和节省活塞空间的作用。

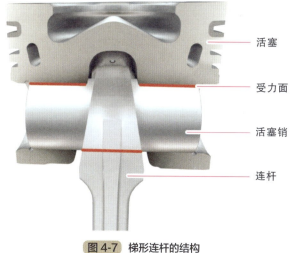

图 4-7 梯形连杆的结构

图 4-8 所示的柴油发动机活塞顶与气缸盖构成了 ω 形燃油室,这可使燃油和空气更好地混合。

柴油发动机活塞内通常有环形冷却通道。机油流经环形通道,可带走活塞顶的热量,降低活塞承受的热负荷。

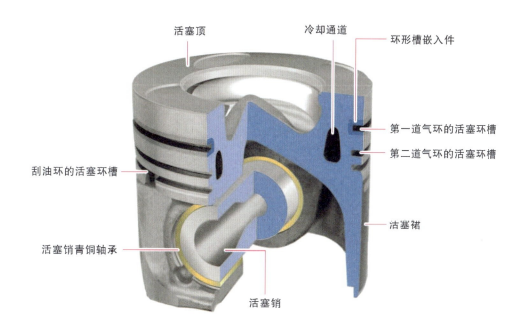

图 4-8 柴油发动机活塞的结构

4. 平衡轴

为改善发动机的运行平稳性并降低噪声,四缸发动机使用了两根装有平衡重的平衡轴,这样就能平衡二次振动。为达到这个目的,两根平衡轴必须朝相反方向旋转,而且转速要两倍于曲轴转速。平衡轴的结构如图 4-9 所示。

平衡轴旋转方向的变换是通过带斜齿的惰轮完成的。

为了改善平衡效果,将平衡轴装在曲轴上方,这既可降低发动机的结构高度,还可提高扭曲刚性并避免油底壳中产生泡沫。

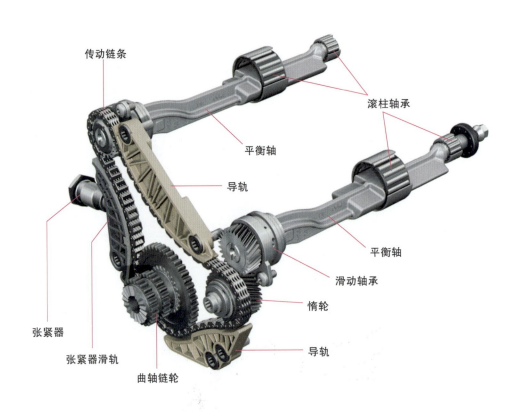

图 4-9 平衡轴的结构

工作原理：如图 4-10 所示，平衡轴以两倍于曲轴转速的转速旋转，平衡重产生离心力，减小或抵消发动机的二阶往复力。

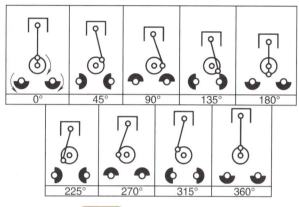

图 4-10　平衡轴的工作原理

第5天 气门机构

1. 概述

气门机构的作用是根据发动机各缸工作循环的要求，定时开启和关闭进、排气门，在进气行程使混合气或新鲜空气进入气缸，在排气行程将废气排出气缸。气门开闭的时刻和顺序由凸轮轴决定。采用正时链条传动的气门机构如图5-1所示。

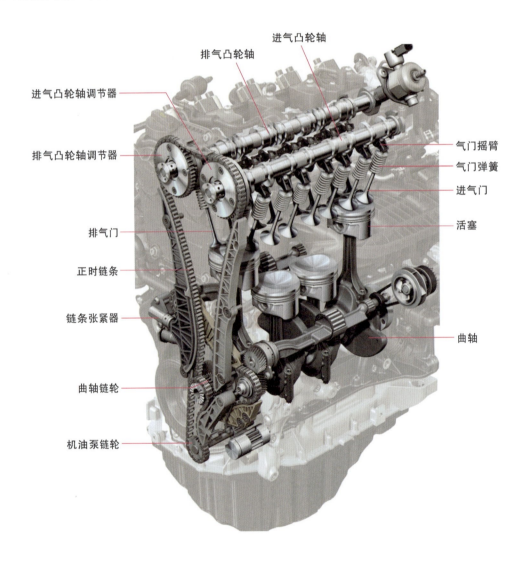

图5-1 采用正时链条传动的气门机构

2. 气门机构的组成

气门机构通常由气门组和气门传动组两部分组成。

1）气门组：由进气门、排气门、气门导管、气门座及气门弹簧等零件组成。

2）气门传动组：由凸轮轴、摇臂轴、摇臂、推杆、挺柱和正时齿轮等组成。

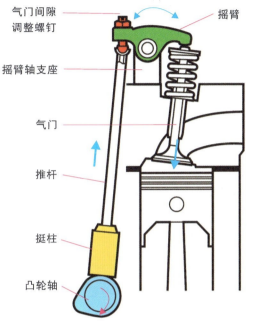

工作原理：发动机工作时，气门由凸轮轴通过挺柱和推杆驱动，当凸轮的凸起部分顶起挺柱时，挺柱推动推杆一起上行，作用于摇臂上的推力使摇臂绕轴转动，摇臂的另一端压缩气门弹簧使气门下行，即打开。随着凸轮轴的继续转动，当凸轮轴的凸起部分离开挺柱时，气门在气门弹簧弹力的作用下上行，即关闭。

图 5-2 所示为带气门摇臂的发动机，通过转动安装在摇臂上的调整螺钉来调整气门间隙。采用液压挺柱的凸轮轴底置气门机构如图 5-3 所示。

图 5-2 采用摇臂和调整螺钉的气门机构

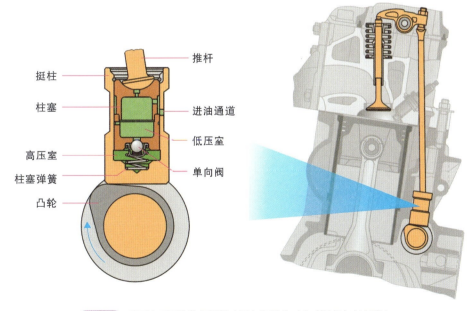

图 5-3 采用液压挺柱的凸轮轴底置气门机构（自动调整气门间隙）

在滚子摇臂式发动机中，气门是通过一个带有液压支撑元件（液压挺柱）的凸轮轴随动装置驱动的，这样可减少摩擦，减少驱动凸轮轴运动的功率损耗。液压支撑元件是滚柱式凸轮随动装置的支点，而摇臂相当于一个杠杆，凸轮接触凸轮滚柱并将摇臂下压的过程中就打开了气门。滚子摇臂式气门机构如图5-4所示。

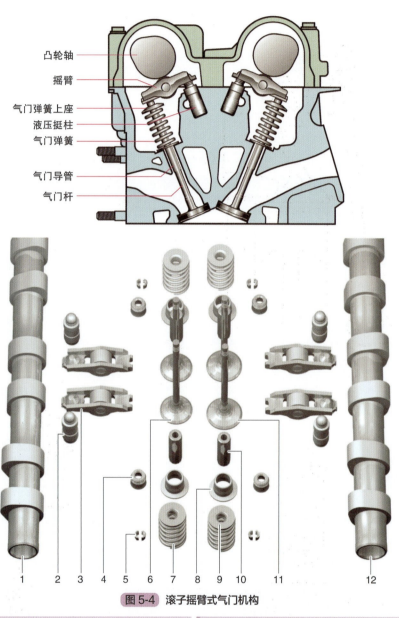

图 5-4　滚子摇臂式气门机构

1—进气凸轮轴
2—液压挺柱
3—摇臂
4—气门油封
5—气门锁块
6—进气门
7—气门弹簧
8—底部气门弹簧座
9—上部气门弹簧座
10—气门导管
11—排气门
12—排气凸轮轴

采用双顶置凸轮轴（DOHC）的气门机构如图 5-5 所示。发动机的进气门和排气门分别布置在两侧，各由一根凸轮轴驱动，易于实现可变气门正时功能。由于凸轮轴直接通过挺柱驱动气门，加之气门数较多，发动机的进气阻力减小，进气量增大，更容易实现高转速、高功率输出。

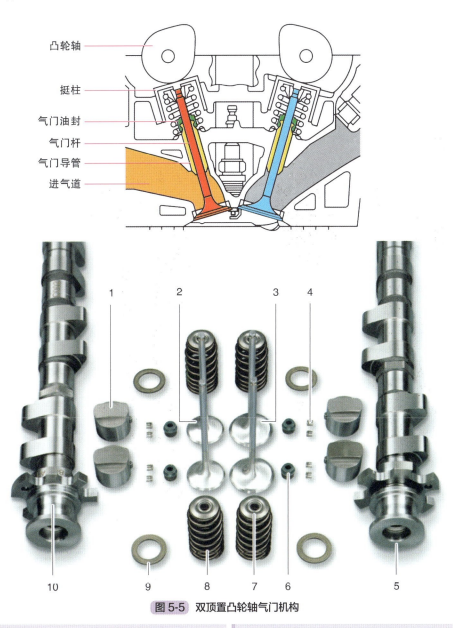

图 5-5 双顶置凸轮轴气门机构

1—液压挺柱
2—排气门
3—进气门
4—气门锁块
5—进气凸轮轴
6—气门油封
7—上部气门弹簧座
8—气门弹簧
9—底部气门弹簧座
10—排气凸轮轴

3. 正时链条传动

正时链条传动机构（图 5-6）位于发动机曲轴前端，正时链条由曲轴驱动，利用液压张紧器张紧。正时链条还受导轨导引，以减小振动和噪声，它通过链轮来驱动凸轮轴、机油泵和平衡轴模块。

正时链条由金属材料制成，无需保养。正时链条的运行噪声很小，而且可使用很长时间。

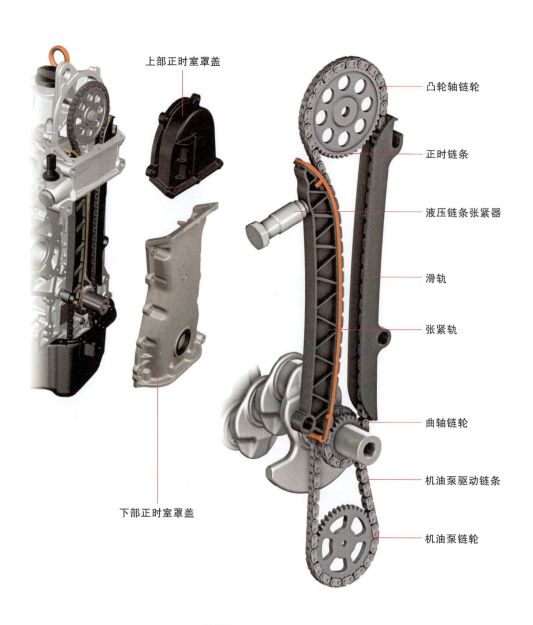

图 5-6　正时链条传动机构

如图5-7所示,曲轴链轮、凸轮轴链轮、平衡轴链轮和正时链条上通常有正时标记。在对链条驱动装置进行调整时,传动轮上的标记必须与两个链条上三个深色的链节对齐。首先将深色的链节放到链条的一侧,这样就只存在唯一的安装位置了。

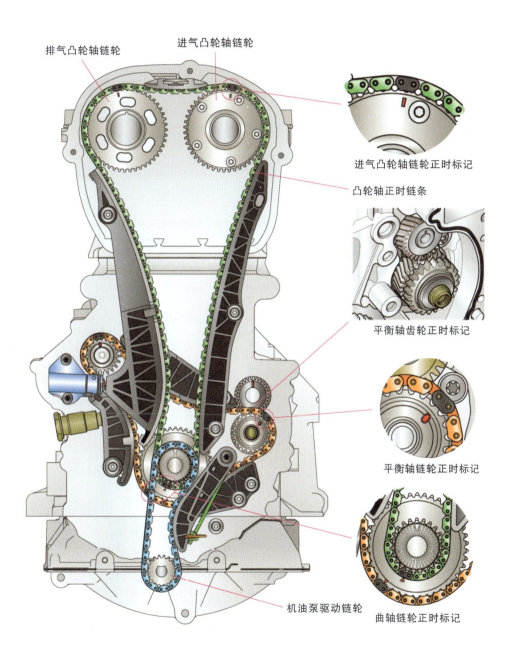

图 5-7　正时链条传动系统的正时标记

4. 正时齿带传动

正时齿带传动机构（图5-8）也位于发动机前端，在拆下正时室盖罩后可见。冷却液泵（水泵）和凸轮轴由曲轴通过正时齿带驱动。在正时齿带传动系统中，有一个自动张紧轮和1~2个导向轮（惰轮）来张紧正时齿带，以减小正时齿带的振动。

正时齿带具有结构简单、成本低、噪声小及更换方便等特点，一般在使用4~6万km后需更换。

图5-8 正时齿带传动机构

5. 可变气门正时系统（VVT）

可变气门正时系统（图5-9）的作用是通过调整凸轮轴的位置，提前打开进气门或推迟打开排气门，以提供适合发动机运转工况的最佳气门正时。该系统可提高发动机燃油经济性并减少废气排放。

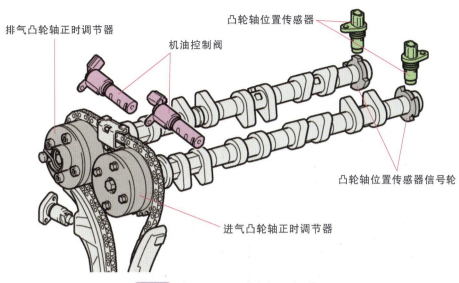

图 5-9　丰田 VVT-i 可变气门正时系统

如图 5-10 所示，正时调节器由正时链条驱动的外壳和与进气或排气凸轮轴相连的叶片组成。凸轮轴通过两个叶片式调节器来调整。两个凸轮轴在气门的"提前打开"和"滞后打开"方向都可以进行连续调节。

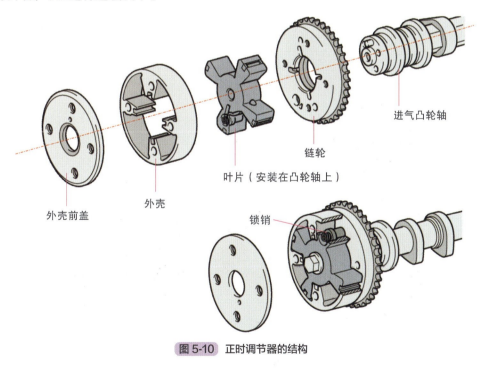

图 5-10　正时调节器的结构

丰田 VVT-i 系统的工作原理如图 5-11 所示，系统根据发动机工况控制进气凸轮轴。机油控制阀利用来自发动机电控模块（ECM）的占空比信号来控制滑阀，这可使液压施加到正时调节器的提前侧或延迟侧。达到目标正时后，机油控制阀将保持在中间位置以保持气门正时。

来自进气和排气凸轮轴提前或延迟侧油道的机油压力使 VVT-i 控制器的叶片沿圆周方向旋转，以持续改变进气门和排气门正时，以保证发动机和排气门沿圆周方向旋转，以持续改变进气门和排气门正时。发动机停机时，锁销将进气凸轮轴锁止至最大提前端，排气凸轮轴锁止至最大延迟端，以确保发动机正常起动。

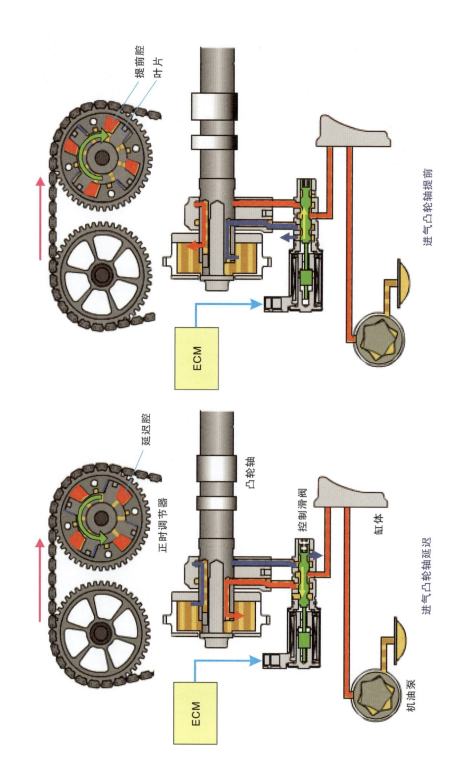

图 5-11 丰田 VVT-i 系统的工作原理

大众 1.8L TFSI 发动机的凸轮轴调节机构如图 5-12 所示。该调节机构的调节阀（机油控制阀）安装在调节器前端的发动机壳体上。通过调节进气凸轮，可将其调整到相对曲轴 30°~60° 的角度。

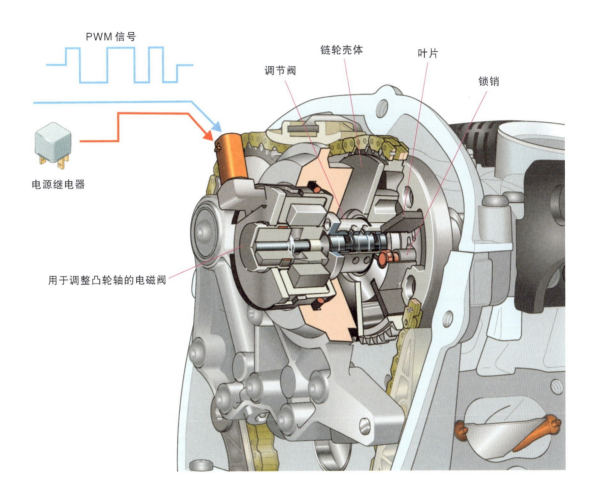

图 5-12　大众 1.8L TFSI 发动机的凸轮轴调节机构

发动机控制单元（ECU）根据空气流量传感器和发动机转速传感器的信号来计算所需调整的主信号。除此之外，还将冷却液温度传感器信号作为修正信号进行评价，霍尔传感器信号用来检测进气凸轮的实际位置。

调节器的位置由用于调节凸轮轴的电磁阀来确定，并由 ECU 通过一个脉冲宽度的调制信号来控制。

停车后，调节器就锁定在延后位置上，该功能是通过一个弹簧锁销实现的。该系统在机油压力达 0.5bar（50kPa）时解锁。

在发动机转速超过 1800r/min 和有负荷要求的情况下，ECU 会改变进气凸轮轴的位置，并提前开启气门，以优化喷油正时。

6. 可变气门升程系统

如图 5-13 所示，可变气门升程系统通过进气凸轮轴上的气门升程切换机构，实现了对每个气缸气体交换过程的优化控制。

发动机转速低时使用低升程凸轮（小凸轮），发动机转速高时使用高升程凸轮（大凸轮）。在发动机转速低时使转矩最大，在发动机转速高时使输出功率最大。此机构还提高了燃油经济性，减少了在不同发动机转速、车速和发动机负载下的废气排放。

如图 5-14 所示，为在两个不同气门升程的凸轮之间切换，凸轮轴上设置有 4 个可移动的凸轮件。每个凸轮件上都装有两对凸轮，通过电执行器对两种升程进行切换。当电流通过执行器时，金属销在很短的时间内伸出。伸展的金属销接合到凸轮轴上凸轮件的相关滑动槽中，并通过凸轮轴旋转来推动滑动槽到相应的切换位置。

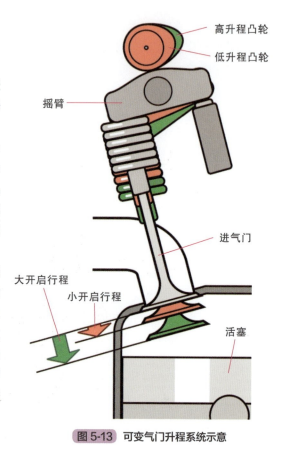

图 5-13　可变气门升程系统示意

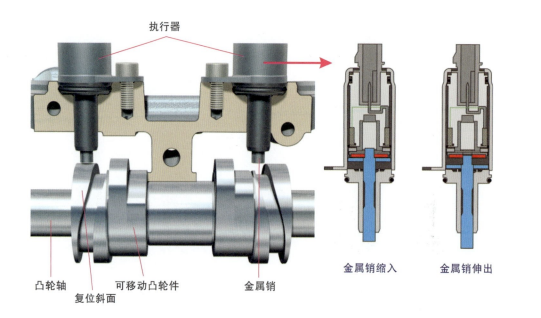

图 5-14　带执行器的气门升程切换机构

如图 5-15 所示，在较低发动机转速范围中，右侧执行器伸出金属销，接合滑动槽，将凸轮件移至小凸轮轮廓，以降低气门升程。

如图 5-16 所示，在发动机高转速或高负荷情况下，左侧执行器伸出金属销，接合滑动槽，将凸轮件移至大凸轮轮廓，以提高气门升程。

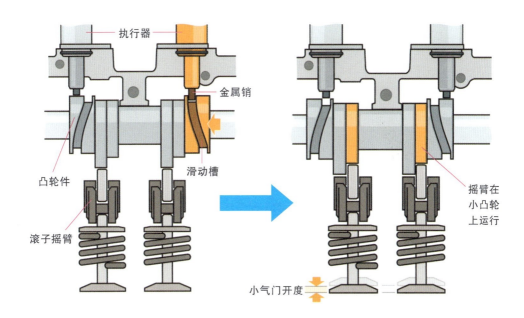

图 5-15　切换至小气门升程

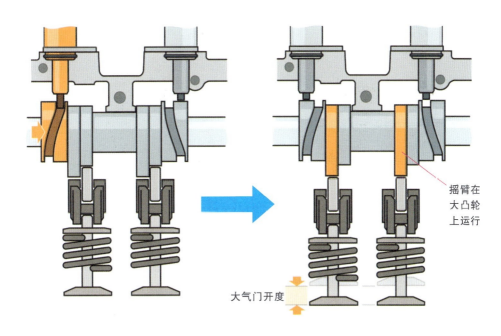

图 5-16　切换至大气门升程

宝马 Valvetronic 系统

宝马 Valvetronic 系统的结构如图 5-17 所示。全可变气门升程的控制通过伺服电动机、偏心轴、中间推杆、回位弹簧、进气凸轮轴和滚子式气门摇臂来实现。

系统通过蜗轮蜗杆机构来调节偏心轴的位置。偏心轴扭转可使固定架上的中间推杆朝进气凸轮轴方向移动，但由于中间推杆也靠在进气凸轮轴上，摇臂相对于中间推杆的位置会发生变化，中间推杆的调节板朝伺服电动机方向移动。调节板推动摇臂，从而使进气门继续向下开启。

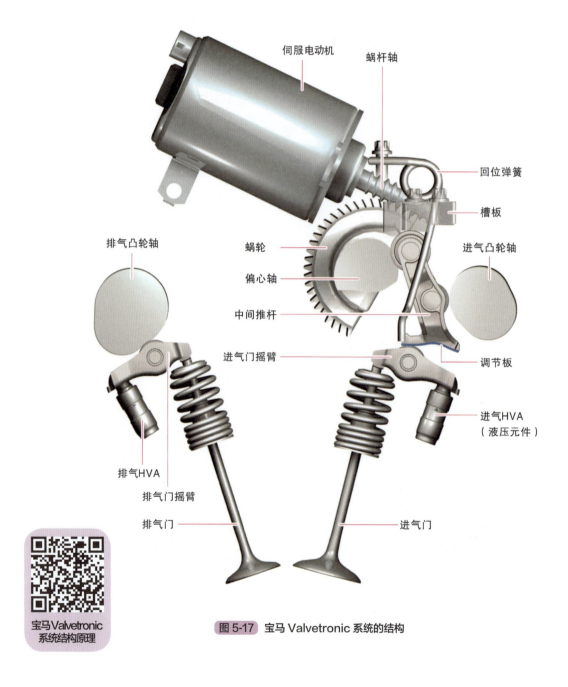

图 5-17 宝马 Valvetronic 系统的结构

宝马 Valvetronic 系统通过直接控制进气门的开启行程来控制发动机进气量。加速踏板踩得深（发动机负荷大），进气门开度增大；加速踏板踩得浅（发动机负荷小），进气门开度减小。

Valvetronic 系统的最小气门行程如图 5-18 所示。

伺服电动机安装在凸轮轴上方的气缸盖内，用于调节偏心轴。电动机的蜗杆轴嵌入安装在偏心轴上的蜗轮内。进行调节后无需特别锁止偏心轴，因为蜗杆传动机构具有足够的自锁能力。偏心轴调节进气侧的气门行程。

图 5-18 最小气门行程

Valvetronic 系统的最大气门行程如图 5-19 所示。

中间推杆改变凸轮轴与滚子式气门摇臂之间的传动比。在满负荷位置时气门行程（约 10mm）和开启时刻达到最大值。在怠速位置时气门行程（约 0.2mm）和开启时刻达到最小值。

图 5-19 最大气门行程

第6天 润滑系统

1. 概述

润滑系统（图6-1）由油底壳、集滤器、机油泵、机油滤清器、油管和发动机壳体上加工出的油道等组成。润滑系统起着润滑、冷却、清洗、密封和防锈的作用，并为液压气门间隙调节器及可变气门正时装置提供压力机油。

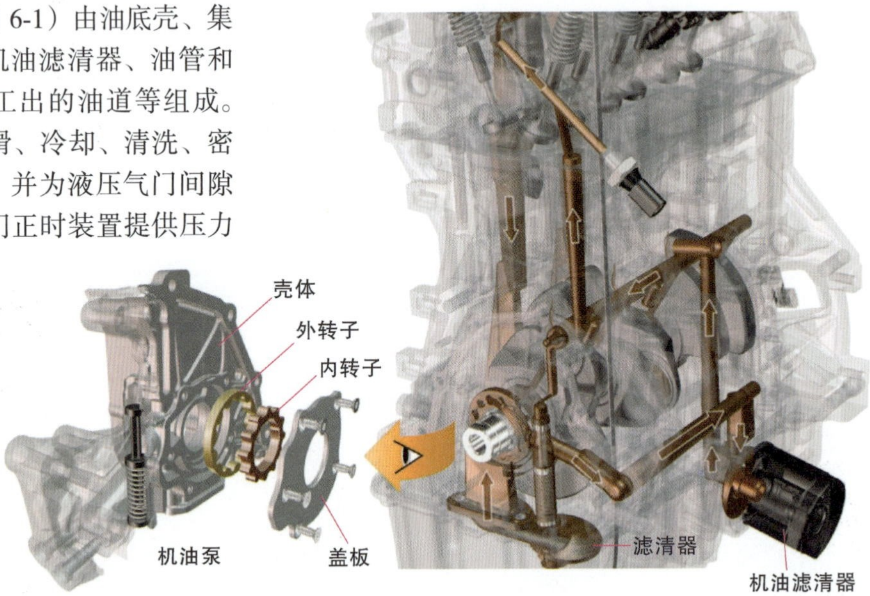

图6-1 润滑系统的组成

大众EA211 1.4T发动机润滑系统的结构如图6-2所示。

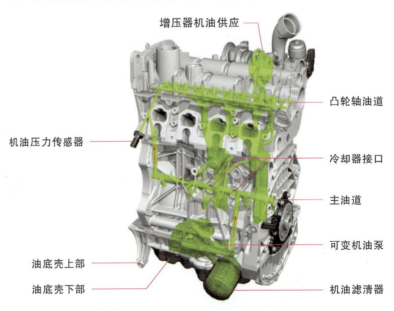

图6-2 大众EA211 1.4T发动机的润滑系统

2. 润滑系统油路

如图 6-3 所示，发动机运转时，油底壳中的机油经集滤器粗滤后，被机油泵吸入。机油泵泵出有压力的机油，经机油滤清器过滤后进入主油道。主油道的机油大部分用来润滑曲轴主轴承和连杆轴承，少部分进入凸轮轴润滑油道。进入凸轮轴润滑油道的机油部分用来润滑凸轮轴轴承，另一部分进入凸轮轴正时调节器。机油最后回流至油底壳。

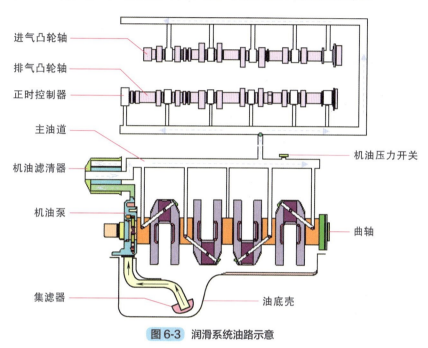

图 6-3 润滑系统油路示意

丰田 ZR 发动机的润滑系统如图 6-4 所示。该系统由曲轴通过链条来驱动齿轮机油泵，气缸体上有喷油嘴用于冷却和润滑活塞。丰田 2NZ-FE 发动机的润滑系统通过曲轴直接驱动机油泵。

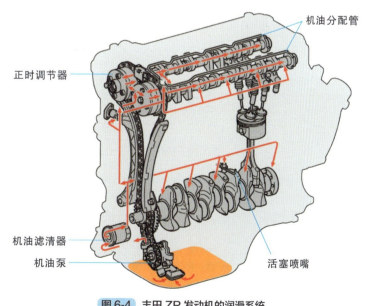

图 6-4 丰田 ZR 发动机的润滑系统

大众 3.6L VR 发动机的机油循环回路如图 6-5 所示。

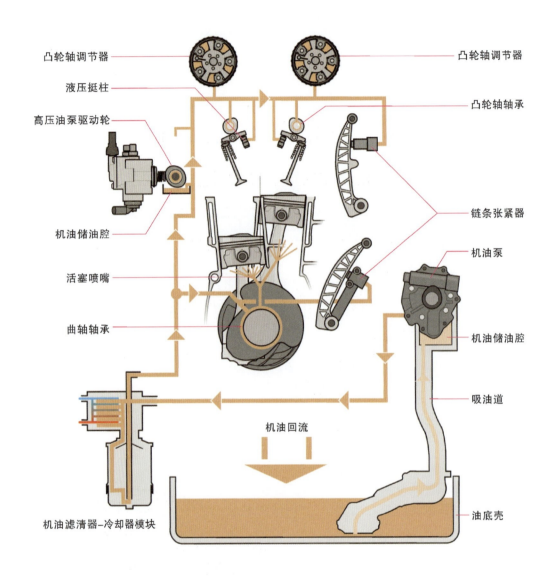

图 6-5　大众 3.6L VR 发动机机油循环示意

润滑系统的机油压力由自吸式偏心机油泵产生，该泵装在缸体内并由链条驱动。

受安装位置的限制，吸上来的机油所经的路程较长，这对部件的初始供油是不利的。为保证初始供油，从安装在机油泵后的机油储油腔中来获取机油。

机油泵从油底壳中抽取机油，并将机油加压后送至机油滤清器—冷却器模块，机油在此被过滤并冷却后再送到发动机的各润滑点。

3. 机油泵

转子式机油泵（图6-6）由一个内转子和一个外转子组成。内转子为被驱动部件，外转子在内转子的齿上滚动，并以这种方式在机油泵壳体内旋转。

内转子比外转子少一个齿，因此每转动一圈就可将机油从一个外转子齿隙压送到下一个齿隙。转动时吸油侧空间增大，而压力侧空间相应减小。这种结构可在流量较大的情况下产生较高压力。

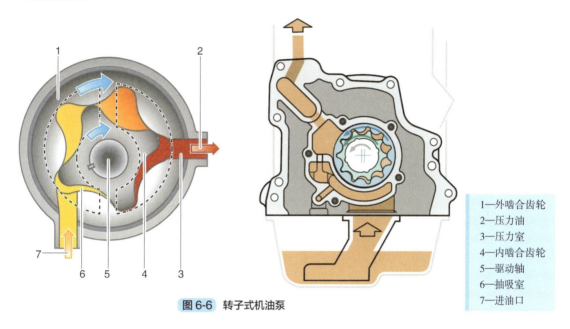

1—外啮合齿轮
2—压力油
3—压力室
4—内啮合齿轮
5—驱动轴
6—抽吸室
7—进油口

图6-6 转子式机油泵

圆柱齿轮式机油泵（图6-7）为外啮合齿轮泵，通常设计为油底壳泵（布置在油底壳上）。这种机油泵的两个外啮合齿轮相互啮合在一起，其中一个是驱动齿轮。未啮合齿轮的齿顶沿机油泵壳体滑动，将机油从抽吸室输送至压力室。

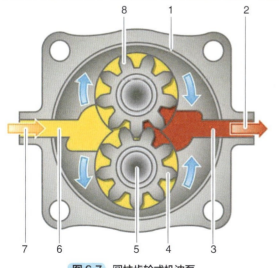

1—机油泵壳体
2—压力油
3—压力室
4—主动齿轮（机油泵轮）
5—驱动轴
6—抽吸室
7—进油口
8—从动齿轮（机油泵轮）

图6-7 圆柱齿轮式机油泵

可调节机油泵（图6-8）由圆柱齿轮机油泵发展而来。该机油泵的非驱动齿轮（机油泵轮）可沿轴向移动，以此调节机油输送量。与传统机油泵相比，这种按需调控的供油方式可降低机油泵的平均驱动功率，减少发动机耗油量。

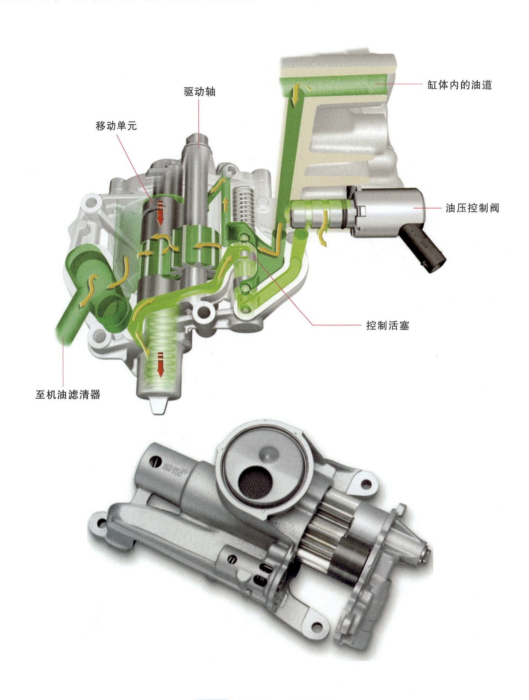

图6-8 可调节机油泵的结构

可调节机油泵的工作原理如图 6-9 和图 6-10 所示。

1—进油滤网
2—驱动链轮
3—机油泵轮
4—控制活塞
5—压缩弹簧
6—未过滤机油通道
7—用于控制机油量的机油通道
8—体积流量控制活塞
9—压缩弹簧
10—溢流阀

机油泵由驱动链轮 2 驱动。位于驱动轴上的一个机油泵轮，驱动另一个带控制活塞 4 的机油泵轮 3。通过两个机油泵轮从油底壳和进油滤网 1 吸入机油，随后将其压入连接机油滤清器的机油通道 6 内。

此时，两个机油泵轮以最大重叠率重叠，以此达到最大机油输送功率。

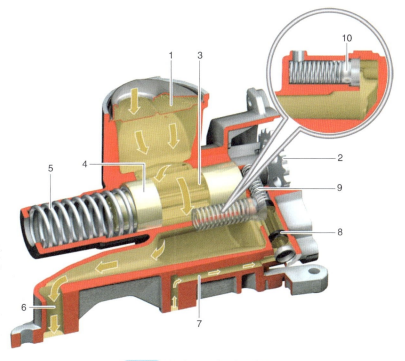

图 6-9　机油泵达到最大泵油量

向发动机输送了过多机油时，机油压力缓慢升高，机油经过滤后进入用于控制机油量的通道 7。由于此时机油压力升高，活塞 8 可克服弹簧 9 的作用力移动，从而使未过滤机油通道与活塞 4 之间的机油通道开启。

控制活塞克服压缩弹簧 5 作用力移动，减少了机油泵轮的重叠，从而减小了可输送的机油量。

如果在达到最小输送功率的情况下机油压力继续提高，则会使溢流阀 10 打开，以此限制发动机内的最大机油压力。

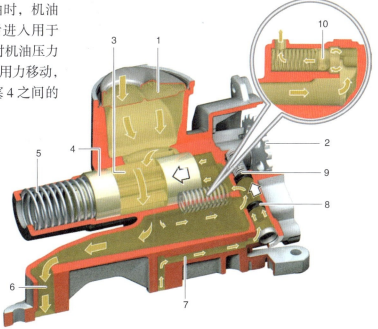

图 6-10　机油泵达到最小泵油量

4. 机油滤清器与机油冷却器

机油滤清器通过内部的滤芯对机油进行过滤，去除机油中的杂质，减少发动机的磨损，保护发动机运动部件。

机油冷却器负责在暖机阶段使机油迅速升温，则并在发动机正常工作后对机油进行足够的冷却，避免发动机在高功率输出且热负荷较高时出现机油过热情况。

机油压力开关用于监控润滑系统。当机油压力未超过弹簧限定的某一限值（机油压力过低）时，机油压力指示灯点亮。

机油滤清器与机油冷却器的安装位置如图 6-11 所示。

图 6-11　机油滤清器与机油冷却器的安装位置

为在机油滤清器堵塞时为润滑部位供油，在与滤清器平行的位置装有滤清器旁通阀。滤清器堵塞时，其前后的机油压力差增大，旁通阀就会打开，从而确保机油（虽未经过滤）仍可到达润滑部位。

机油滤清器旁通阀的工作原理如图 6-12 所示。

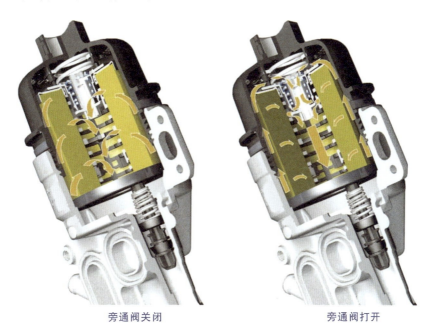

旁通阀关闭　　　　　　　　　　　旁通阀打开

图 6-12　机油滤清器旁通阀的工作原理

第7天 冷却系统

1. 概述

  冷却系统的作用是通过冷却液泵（水泵）驱动冷却液，使其流过发动机的气缸体和气缸盖，带走发动机工作时产生的部分热量，使发动机在适宜的温度范围内工作。简单的冷却系统结构如图7-1所示。

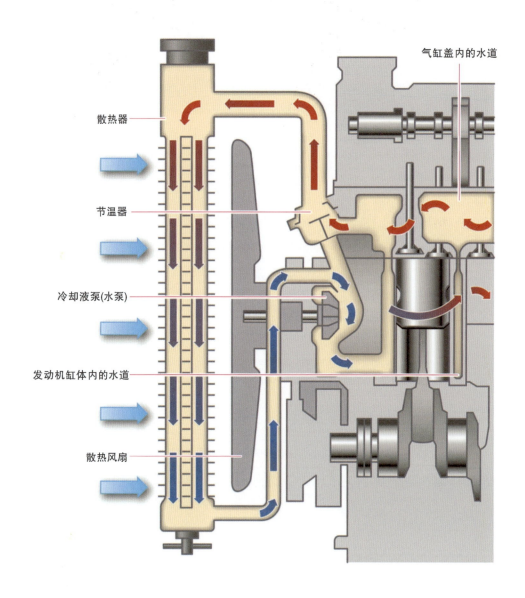

图7-1 简单的冷却系统结构

冷却系统的工作原理如图 7-2 所示。该冷却系统的特点在于气缸体的横向冷却和气缸盖内燃烧室的冷却。

在横向冷却中，每个气缸的冷却液从入口处流至排放处，这能使三个气缸具有统一的温度。

气缸盖中的冷却液集中、高速地沿着燃烧室流动，能更有效地冷却，以降低发动机爆燃的可能性。

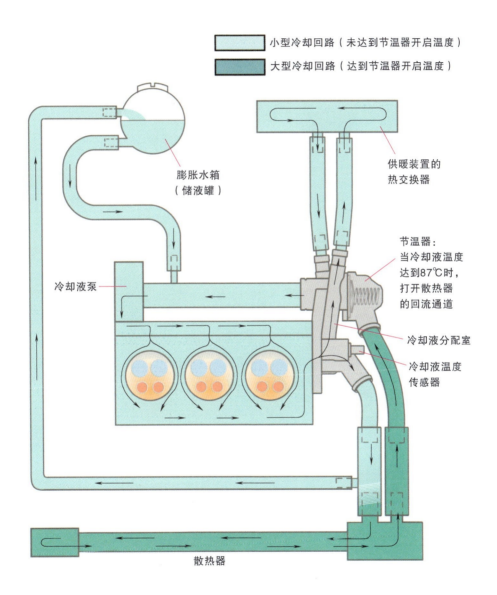

图 7-2 冷却系统的工作原理示意

2. 节温器与冷却液循环

节温器的作用是控制通过散热器的冷却液流量，以调节冷却系统的冷却强度，进而达到调节发动机温度的目的。节温器的工作原理如图 7-3 所示。

当发动机冷却液温度较低时，节温器阀 5 关闭，发动机冷却液循环不经过散热器。冷却循环回路由气缸盖供给管路 8 经节温器至冷却液泵 9。

当发动机冷却液温度达到 87℃时，节温器阀开启，发动机冷却液流经散热器后再进入发动机。

1—弹簧
2—插头
3—蜡质元件
4—加热电阻
5—节温器阀
6—散热器回流管路
7—散热器供给管路
8—气缸盖供给管路
9—至冷却液泵

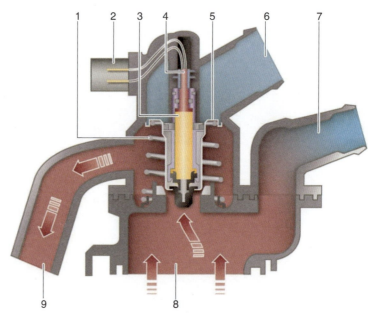

a) 节温器关闭

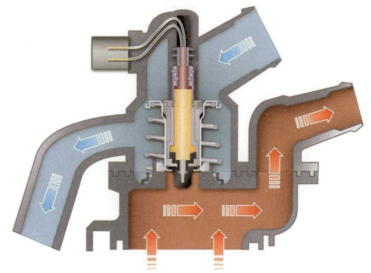

b) 节温器打开

图 7-3 节温器的工作原理示意

3. 双通道冷却系统

如图 7-4 所示，此发动机采用了双通道（回路）冷却系统。冷却系统在发动机中被分隔成两个通道。发动机中三分之一的冷却液流入气缸体，三分之二的冷却液流入气缸盖中的燃烧室周围。系统通过带两个节温器的节温器模块，可对气缸盖和气缸体中分流的冷却液进行不同的温度控制。

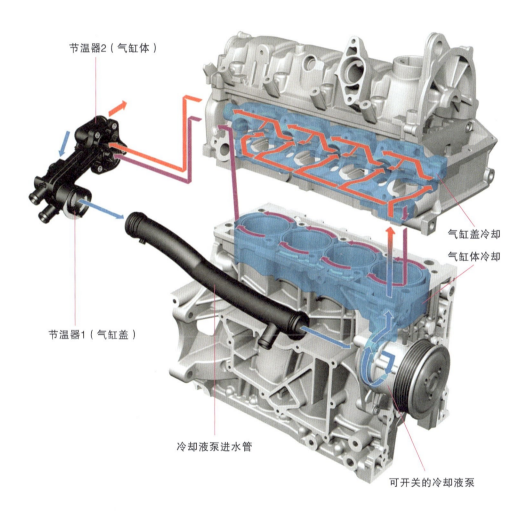

图 7-4 双通道（回路）冷却系统

双通道冷却系统可使气缸盖和气缸体内的冷却液达到不同的温度。气缸盖内为冷却液横流冷却，可实现更均匀的温度分配。

在发动机预热阶段气缸体节温器关闭，气缸体内冷却液停止流通。气缸衬套由此迅速加热，活塞组的摩擦明显降低，同时气缸盖冷却加强，从而改善抗爆燃能力。

带两个节温器的节温器模块如图 7-5 所示。

1）发动机冷态时，两个节温器关闭，发动机迅速升温。冷却液流经冷却液泵、气缸体、暖风热交换器后流回冷却液泵。

2）当冷却液温度达到 87℃时，用于气缸盖的节温器 1 打开，主散热器接入冷却液循环。由于缸盖冷却液温度较低，燃烧室温度低，降低了发动机爆燃概率，提高了动力性和燃油经济性。

3）当气缸体中的冷却液温度超过 105℃时，用于气缸体的节温器 2 打开气缸体的循环回路。因此，气缸体内的冷却液也进入冷却液循环。

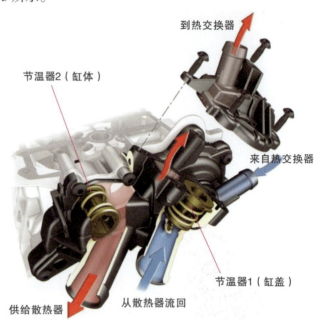

图 7-5 双节温器模块的结构

可开关冷却液泵的结构如图 7-6 所示。冷却液温度低于 30℃时，冷却液泵利用真空吸力克服弹簧力来移动挡板（泵轮遮蔽罩），将挡板移到叶轮上，以此切断冷却液液流。

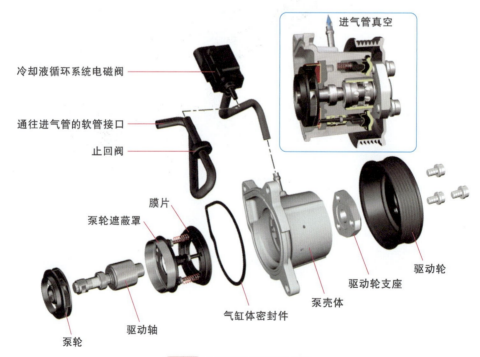

图 7-6 可开关冷却液泵的结构

第 8 天　进气和排气系统

1. 概述

进气系统负责为发动机提供新鲜空气或可燃混合气，排气系统则负责排出混合气燃烧后产生的废气。进气和排气系统的结构如图 8-1 所示。

进气和排气系统是两个相互关联的系统。一方面，气体先后以新鲜空气（或混合气）和废气形式经过这两个系统。另一方面，某些发动机的进气和排气系统间还存在内在联系（例如涡轮增压发动机）。

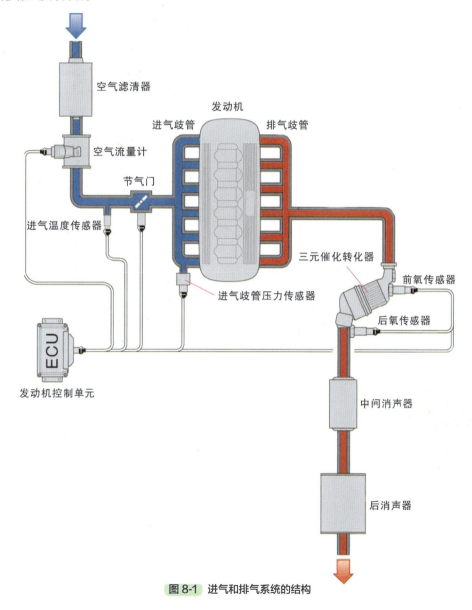

图 8-1　进气和排气系统的结构

2. 进气系统

进气系统的主要功用是提供足够的干净空气，保证可燃混合气的质量。针对歧管喷射发动机，空气先进入发动机舱的空气滤清器总成，经空气滤芯过滤掉杂质。干净的空气通过节气门进入进气歧管，与喷油器喷出的雾状燃油混合，形成可燃混合气。可燃混合气通过进气门进入气缸内。进气系统的组成部件如图 8-2 所示。

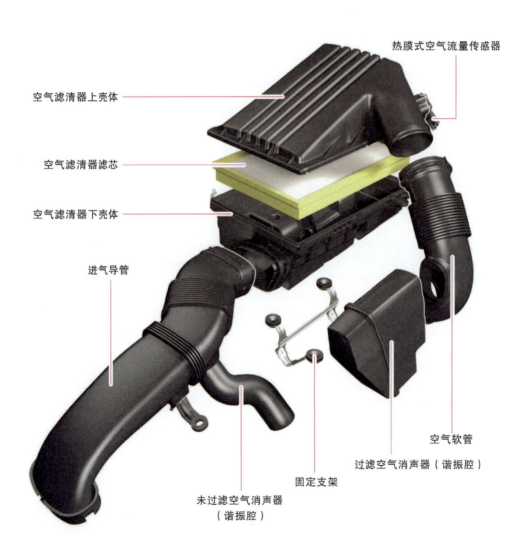

图 8-2　进气系统的组成部件

宝马 N55 发动机的进气系统如图 8-3 所示。该发动机采用了废气涡轮增压系统。涡轮增压器的涡轮在发动机废气驱动下转动，从而带动同轴相连的压缩机叶轮转动，压缩机叶轮吸入空气滤清器过滤后的新鲜空气，然后压缩空气，被压缩的空气通过增压空气冷却器冷却后进入发动机气缸。

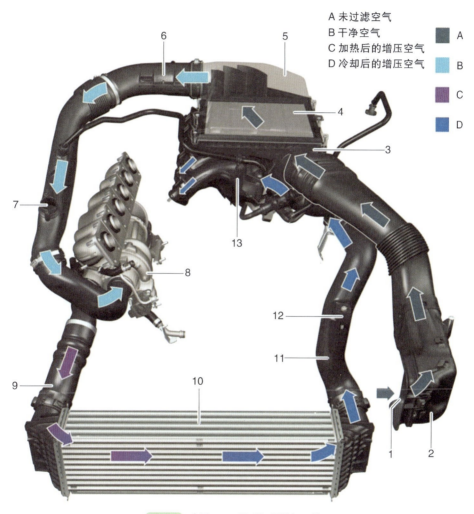

图 8-3 宝马 N55 发动机的进气系统

1—进气管
2—未过滤空气管路
3—进气消声器
4—空气滤清器滤芯
5—空气滤清器上盖
6—热膜式空气流量传感器
7—曲轴箱通风装置接口
8—废气涡轮增压器
9—增压空气管（前）
10—增压空气冷却器
11—增压空气管（后）
12—增压空气压力/温度传感器
13—进气集气管

A 未过滤空气
B 干净空气
C 加热后的增压空气
D 冷却后的增压空气

3. 可变进气歧管

细而长的进气道有利于保障发动机怠速稳定，短而粗的进气道在大负荷高转速时有利于提升发动机功率。可变进气歧管的结构和工作原理如图 8-4 所示，进气歧管里有一个转换长短气道的进气控制阀。

当进气控制阀关闭时，进气歧管的有效长度增加，使发动机在低转速时进气效率提高，从而增大发动机的输出转矩。

当进气控制阀打开时，进气歧管的有效长度减少，从而减小进气阻力，增大发动机中高速范围内的输出功率。

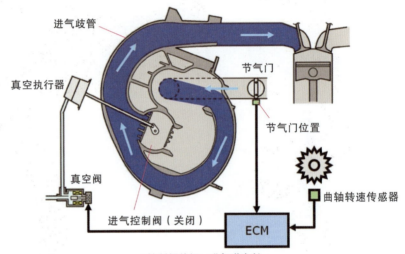

a) 控制阀关闭，进气道变长

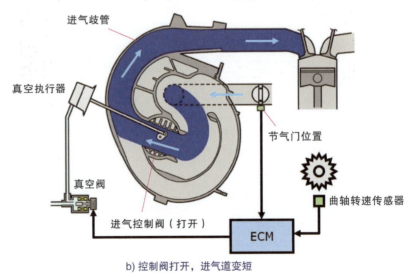

b) 控制阀打开，进气道变短

图 8-4 可变进气歧管的结构与工作原理

可变进气歧管

4. 排气系统

排气系统的主要功用是将气缸体内混合气燃烧产生的废气排出，并尽可能处理掉有害排放物，同时减小噪声。废气经过三元催化转化器后，大部分有害气体转化为无害气体，然后经过消声器，降低噪声，最后排发到到大气中。排气系统的组成如图8-5所示。

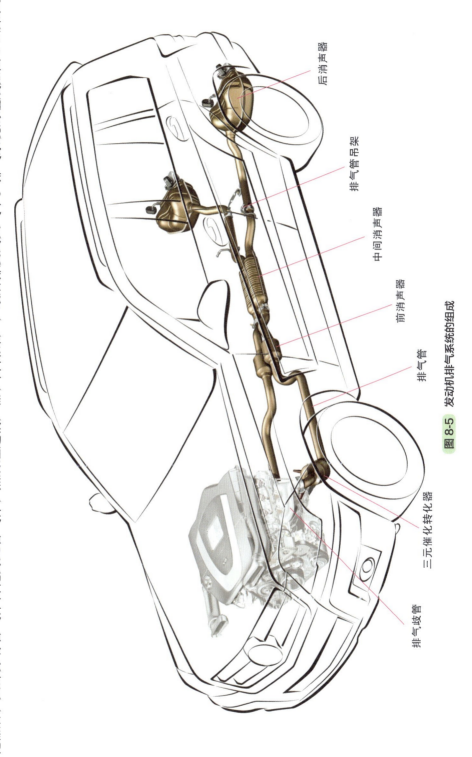

图 8-5 发动机排气系统的组成

（排气歧管、三元催化转化器、排气管、前消声器、中间消声器、排气管吊架、后消声器）

奥迪车系各类型发动机排气系统如图8-6所示。与将三元催化转化器布置在底盘下相比，将其布置在发动机附近可快速使其达到工作温度，从而缩短响应时间。

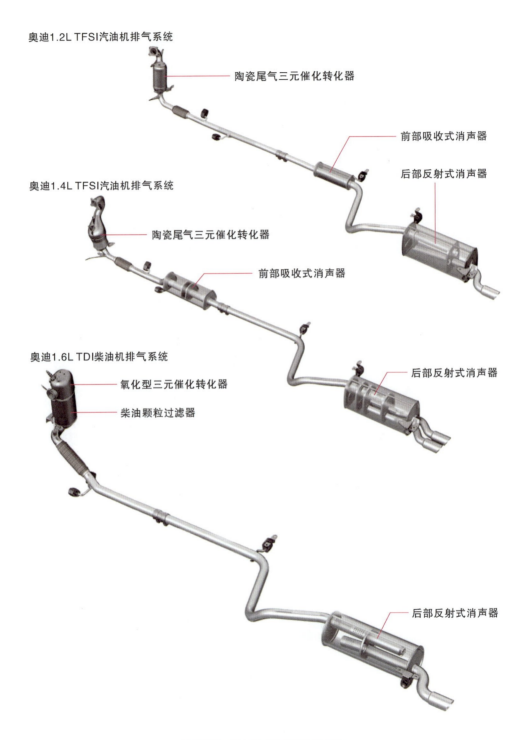

图8-6 奥迪车系发动机排气系统

第 9 天　涡轮增压系统

1. 概述

如图 9-1 所示，废气涡轮增压器相当于一台空气增压机，它利用发动机排出的废气惯性冲力来驱动涡轮机内的涡轮，涡轮又带动同轴的叶轮转动，叶轮压送由空气滤清器送来的空气，使之增压后进入气缸。通过压缩空气来增加进气量，从而提高发动机的输出功率。

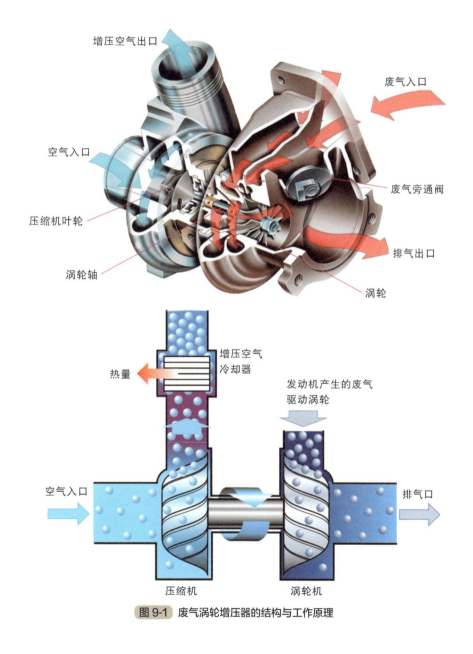

图 9-1　废气涡轮增压器的结构与工作原理

2. 空气增压系统

涡轮增压发动机的空气循环和空气增压系统分别如图 9-2 和图 9-3 所示。

图 9-2 涡轮增压发动机的空气循环

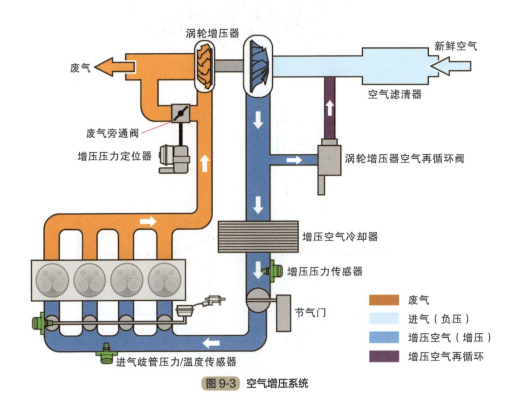

图 9-3 空气增压系统

3. 废气旁通阀与增压空气再循环阀

当发动机转速较高时，涡轮机产生的增压压力也较大。带旁通阀的废气涡轮增压器（图9-4）可通过旁通阀打开旁通通道，使一部分废气不进入涡轮机，而是通过旁通阀直接进入排气管。这样可保证进气压力在允许范围内，且发动机可达到最大功率。

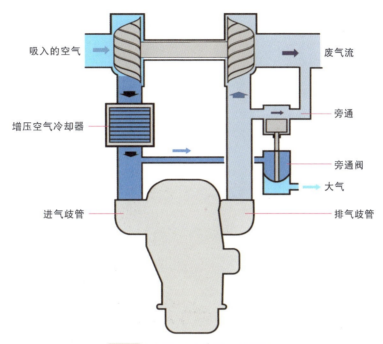

图9-4 带旁通阀的废气涡轮增压器

在滑行模式下（车辆减速松加速踏板），因节气门突然关闭，增压压力使压缩机壳体内产生冲压压力。该压力使叶轮迅速减速，从而导致增压压力降低。

为避免这种情况，空气再循环阀（图9-5）将旁通通道打开，以便使压缩后的空气重新回流到压缩机抽吸侧。这样涡轮就会以相应转速运行而不会被制动。打开节气门时涡轮增压器循环空气阀关闭，立即可提供增压压力。

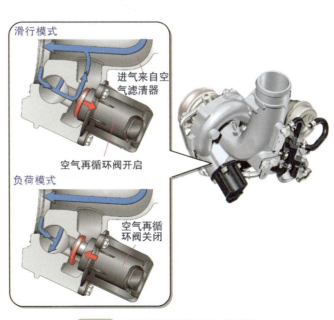

图9-5 空气再循环阀的工作原理示意

4. 涡轮增压器

废气涡轮增压器的结构如图9-6所示。发动机转速提高，废气排出速度与涡轮转速也同步提高，叶轮就会将更多空气压入气缸，空气的压力和密度增大可促进燃烧，相应增加供油量和调整发动机转速，就可提高发动机输出功率。

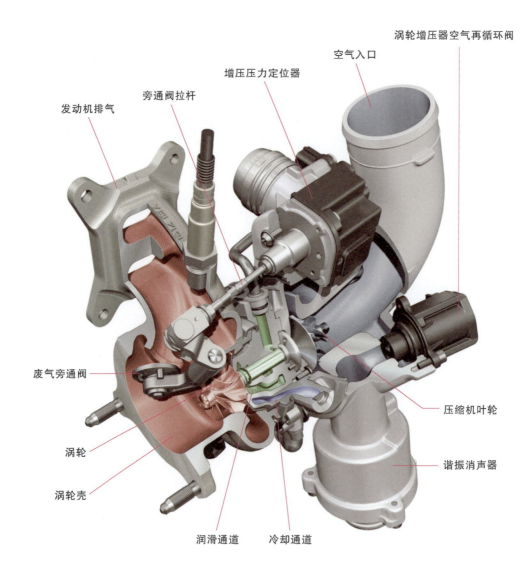

图9-6 废气涡轮增压器的结构

大众 2.0L TFSI 发动机的废气涡轮增压器如图 9-7 所示。为减小安装空间，该发动机将排气歧管和涡轮壳体连为一体，涡轮轴轴承集成在压缩机壳体内。

涡轮增压器的转速很高，内部元件由机油和冷却液进行冷却，发动机机油和冷却液在中心壳体内循环。

增压器采用套筒轴承，由机油进行润滑。机油循环到涡轮增压器中心壳体，然后通过机油回路管路，最后回流到油底壳。

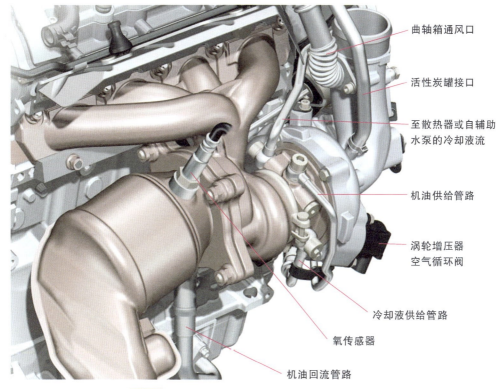

图 9-7 大众 2.0L TFSI 发动机的废气涡轮增压器

该发动机采用宽频带氧传感器，直接通过螺栓固定在涡轮增压器的涡轮壳体上。由于靠近发动机，氧传感器可记录每个气缸的排气情况，从而更早地开始氧传感器调节。

第10天 燃油供给系统

1. 概述

燃油供给系统（图10-1）具有供油和喷油两个功能。针对歧管喷射发动机，燃油经燃油泵从燃油箱中吸出，经过燃油滤清器过滤，再经过燃油管路送达油轨。油轨将燃油分配到各喷油器，燃油经喷油器喷射，在进气门处与空气混合，最后由进气门进入气缸。

带压力调节器的燃油滤清器如图10-2所示。通过压力调节器，燃油压力被由弹簧拉紧的膜片阀调节到恒定值，多余燃油回流至燃油箱中。

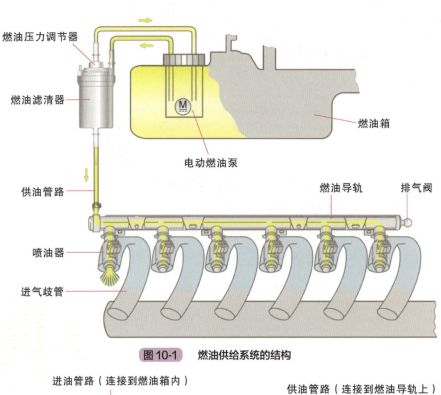

图10-1 燃油供给系统的结构

图10-2 带压力调节器的燃油滤清器

2. 燃油箱与燃油泵

燃油箱通常位于后排乘员脚部空间区域与后桥之间，可避免受到碰撞。燃油箱内有一个电动燃油泵，用于抽取燃油箱中的燃油。燃油传感器通过一个浮子和一个电位计来检测剩余燃油量。燃油箱和燃油泵的结构如图 10-3 所示。

为抑制燃油晃动，燃油箱内都装有防晃隔板。这些防晃隔板除用于抑制燃油晃动外，还可增强燃油箱的强度。

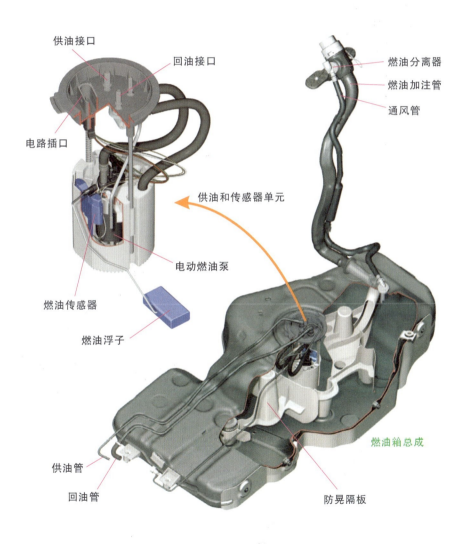

图 10-3 燃油箱与燃油泵的结构

带有一体式燃油滤清器的燃油泵和燃油箱的结构如图 10-4 所示。燃油蒸气通过两个翻车防漏阀被引入到活性炭滤清器内。浮球式翻车防漏阀具有压力保持功能，它可在翻车时封住油箱，防止燃油漏出。

两个阀向油箱上部的膨胀腔内排气，迷宫式结构用于阻止液态燃油进入活性炭滤清器。膨胀腔内的燃油被燃油冷却产生的真空抽入到燃油箱内。

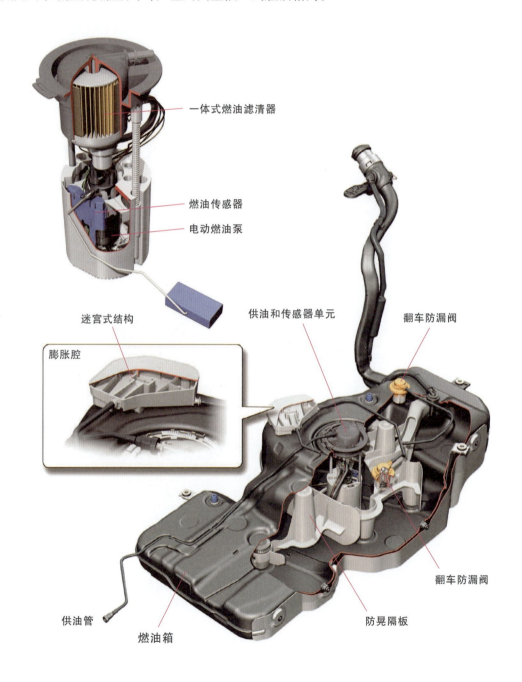

图 10-4　带一体式燃油滤清器的燃油泵和燃油箱

燃油供给系统 **第10天**

3. 燃油喷射系统

电控燃油喷射系统（EFI）以发动机控制单元（ECU）为控制中心，利用安装在发动机上的各种传感器所提供的各种发动机工作参数，按照ECU中设定的控制程序，通过控制喷油器，精确地控制喷油量和喷油时间，从而使发动机在各种工况下都能获得最佳浓度的混合气。高压燃油喷射系统的结构如图10-5所示。

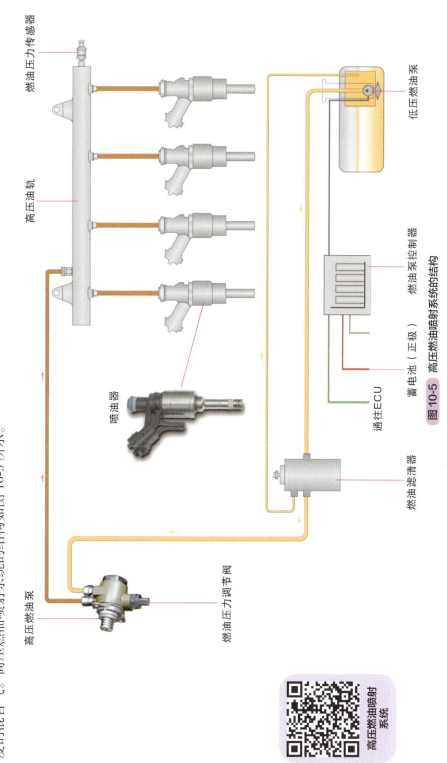

图10-5 高压燃油喷射系统的结构

电控发动机燃油喷射系统的类型如图 10-6 所示。

进气歧管喷射：燃油进入低压油轨，然后再流到喷油器，ECU 控制喷油器将燃油喷入进气歧管中。

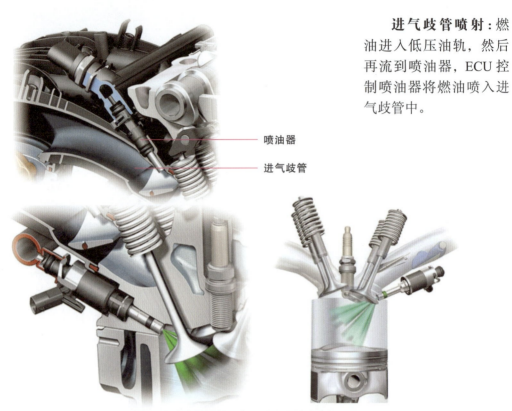

缸内直接喷射（高压燃油喷射系统）

双喷射系统（既有进气歧管喷射又有缸内直接喷射）

图 10-6 燃油喷射系统的类型

4. 高压喷油器

采用缸内直接喷射方式的汽油发动机需要使用高压喷油器。高压喷油器固定在气缸侧面并伸入燃烧室内。采用全顺序式燃油喷射系统时,每个高压喷油器都通过各自的输出级由发动机 ECU 进行控制。由于必须在极短时间内喷射燃烧所需的燃油量,需要达到较高压力。

高压喷油器的结构如图 10-7 所示。当电流经过线圈时,线圈产生磁场,使带有衔铁的喷嘴针阀克服弹簧的弹力向阀座内升起,形成喷油孔。由于共轨压力与燃烧室压力存在压力差,此时将燃油压入燃烧室内。切断电流时,喷嘴针阀在弹簧力的作用下压入阀座内,切断燃油油流。

喷射的燃油量取决于共轨压力、燃烧室内的背压以及喷射阀开启时间。相对于进气歧管喷射系统,直接喷射系统可更迅速、更准确并以更佳喷束喷射燃油。

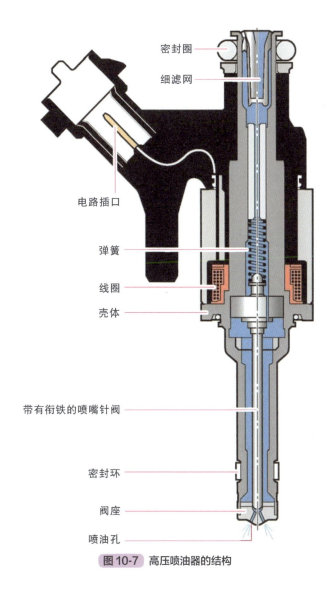

图 10-7 高压喷油器的结构

TDI 柴油机采用了新型高压喷油器（图 10-8）。这种使用电磁阀技术的喷油器可满足较高的喷油压力和每个工作循环多次喷油的要求。

喷油器关闭：喷油器在静止位置时是关闭的。这时电磁阀衔铁被电磁阀弹簧的力压靠在基座上，封闭了阀控制腔。阀控制腔内有高压燃油。由于控制活塞表面的承压面积比喷油嘴针阀大，喷油嘴针阀被压靠在阀座上，从而关闭了喷油嘴。

喷油开始：如果 ECU 给励磁线圈通电，则电磁力大于电磁阀弹簧的弹力，电磁阀衔铁就会向上移动，打开节流出口。阀控制腔内的高压燃油经节流出口进入燃油回流区，阀控制腔内的燃油压力下降。喷油嘴针阀在燃油压力作用下稍稍抬起，开始喷油。

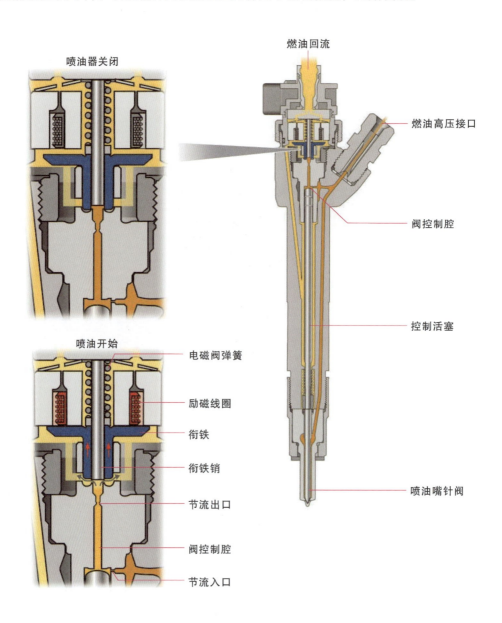

图 10-8　TDI 柴油机高压喷油器的结构与工作原理

5. 燃油蒸发排放系统

燃油蒸发排放系统可减少从燃油系统排放到大气中的碳氢化合物。炭罐内有活性炭，能吸附燃油蒸气，将燃油蒸气存储在炭罐中。当发动机运转时，燃油蒸发排放系统将燃油箱中的燃油蒸气导向进气管道，接着在发动机的燃烧室内进行燃烧。炭罐电磁阀是由发动机ECU控制的，并调节着活性炭过滤器中流过电磁阀的气体流量。燃油蒸发排放系统的构成如图10-9所示。

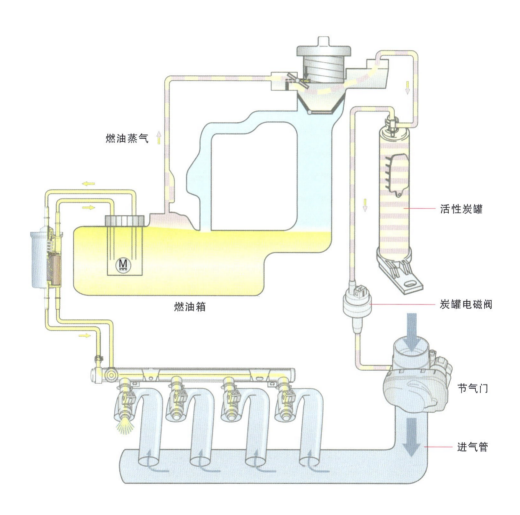

图10-9 燃油蒸发排放系统的构成

6. 曲轴箱通风系统

发动机工作时,总有部分可燃混合气和废气经活塞环由气缸窜入曲轴箱。低温运行时,还会有液态燃油漏入曲轴箱。这将加速机油变质,使机件腐蚀或锈蚀。

曲轴箱通风系统的作用是将气缸窜气中的机油分离后,再将窜出的气送回到进气侧参与燃烧。它降低了机油中混入水的概率,避免了油气和不可燃的碳氢化合物排放到大气中。曲轴箱通风系统的结构如图 10-10 所示。

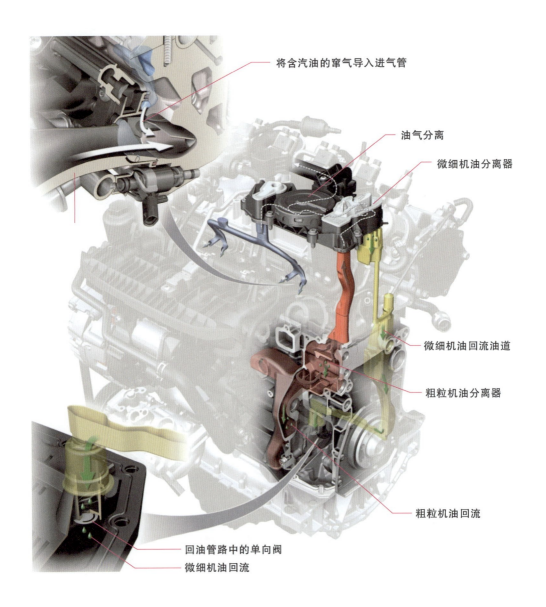

图 10-10 曲轴箱通风系统的结构

第11天 点火系统

1. 概述

点火系统的作用是按照既定的点火正时顺序，适时点燃气缸内的可燃混合气，推动活塞做功，使发动机正常运转。电控汽油发动机的点火系统如图 11-1 所示。

点火系统用点火线圈产生的高电压来产生电火花。点火线圈由一次绕组、二次绕组、铁心和外壳等组成。在自感和互感作用下，点火线圈产生点火所必需的高电压。点火器控制一次绕组断电时，一次绕组产生数百伏的电压，并在二次绕组上感应出数万伏的点火电压。

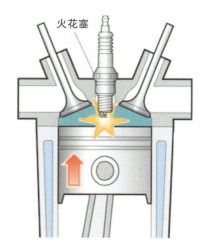

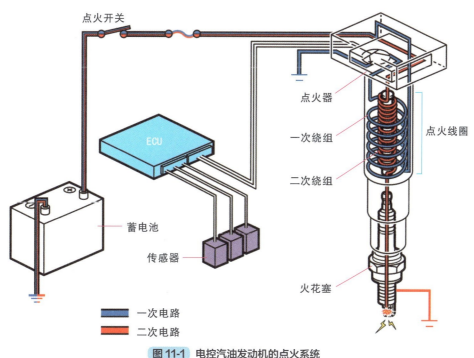

图 11-1 电控汽油发动机的点火系统

2. 独立点火系统

独立点火系统（图 11-2）的特点是每个气缸配备一个点火线圈，各缸之间的点火相互独立，互不影响，因此能更精确地控制各气缸的点火时刻，使混合气燃烧更充分，提高了点火系统的稳定性。独立点火系统的主要部件如图 11-3 所示。

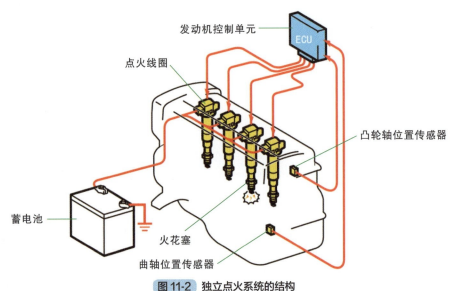

图 11-2　独立点火系统的结构

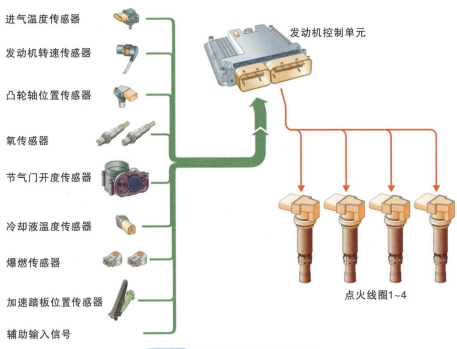

图 11-3　独立点火系统的主要部件

3. 分组点火系统

分组点火又叫双缸同时点火，其特点是每两缸共用一个点火线圈。

如图 11-4 所示，在点火模块中，功率输出级和点火线圈是一个整体部件。气缸 1 和 4、气缸 2 和 3 各共用一个点火线圈。两条火花塞导线上的每个点火线圈都各有两个输出端。ECU 监控点火，向功率输出级发送信号。然后，功率输出级给两个点火线圈接上一次电流。一个点火线圈总是同时给两个火花塞提供电火花。气缸的选择原则是：一个气缸压缩时，另一个气缸正好排气。

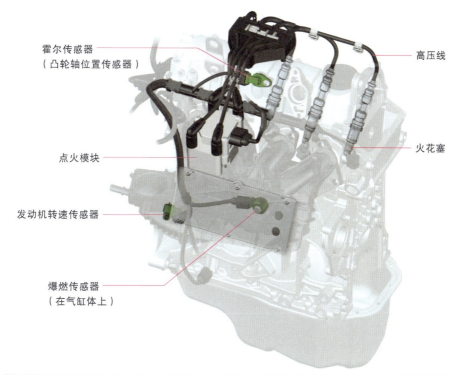

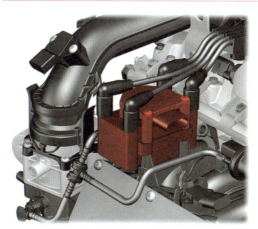
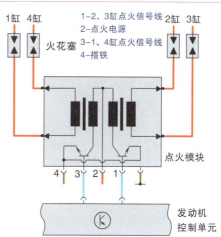

图 11-4　分组点火系统的结构

4. 点火线圈与火花塞

点火线圈和火花塞的结构分别如图 11-5 和图 11-6 所示。

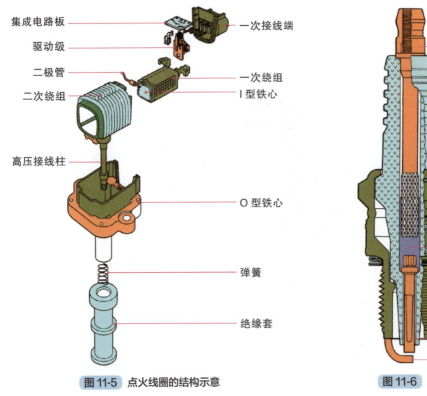

图 11-5 点火线圈的结构示意

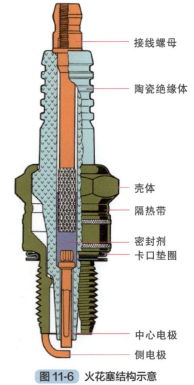

图 11-6 火花塞结构示意

冷型火花塞与热型火花塞的区别如图 11-7 所示。冷型火花塞有较小的吸热面，具有良好的散热能力，其热值高，适用于高压缩比和高性能发动机。热型火花塞有较大的吸热面，能保持更多的热量，确保烧掉沉积物，其热值低，适用于低压缩比、低转速发动机。

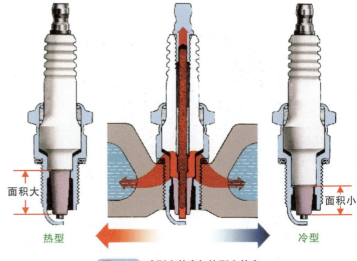

图 11-7 冷型火花塞与热型火花塞

第12天　传动系统的结构原理

1. 概述

传动系统是将发动机的动力传递到车轮上的装置，它能实现动力的接通与切断、起步、变速、倒车等功能。它由离合器、变速器、传动轴以及安装在驱动桥中的主减速器、差速器和半轴等组成。传动系统的组成部件如图12-1所示。

图12-1　传动系统的组成部件

发动机与驱动轮设置在不同的位置，两者相隔较远，因此必须布置传动系统。汽车的动力传递路线如图12-2所示。根据动力传递路径的不同，汽车分为两轮驱动和四轮驱动两种驱动形式。而两轮驱动又分为前轮驱动和后轮驱动两种。

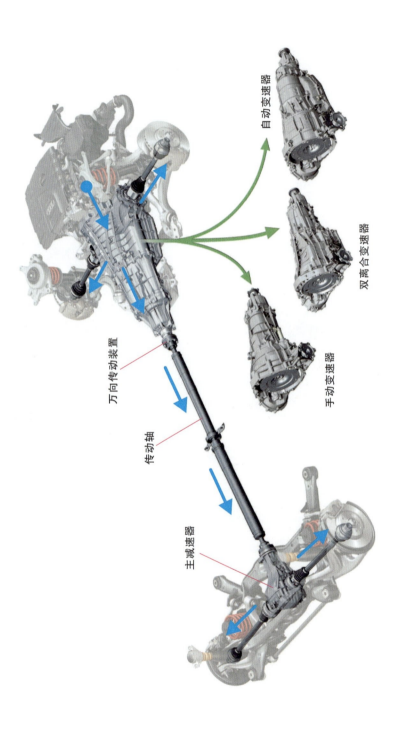

图12-2 汽车的动力传递路线

2. 离合器

离合器位于发动机和手动变速器之间的离合器壳内。离合器总成固定在飞轮的后平面上。在汽车行驶过程中，驾驶人可根据需要踩下或松开离合器踏板，使发动机与变速器暂时分离或逐渐接合，以切断或传递发动机向变速器输入的动力。离合器的结构如图 12-3 和图 12-4 所示。

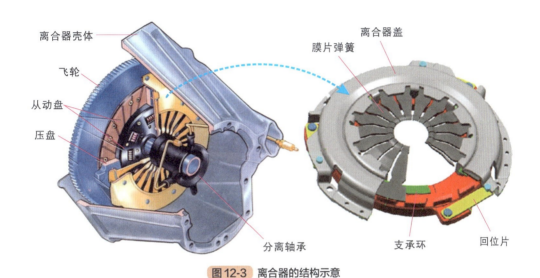

图 12-3 离合器的结构示意

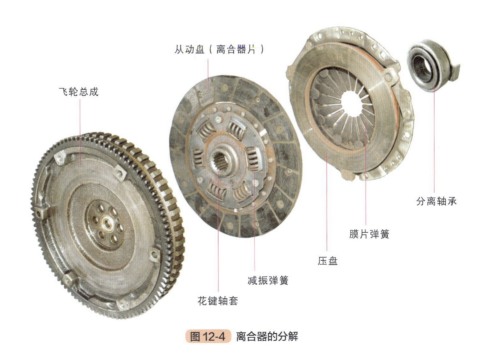

图 12-4 离合器的分解

离合器的工作原理如图 12-5 所示。离合器接合时，膜片弹簧等压紧元件作用在离合器压盘上，将从动盘压紧在飞轮和压盘之间，产生一定的摩擦力矩，从而将发动机的动力传递给变速器。要分离离合器时，踩下离合器踏板，利用操纵机构驱动分离轴承，利用杠杆原理推动膜片弹簧放松对从动盘的压紧，从而切断发动机的动力传递。

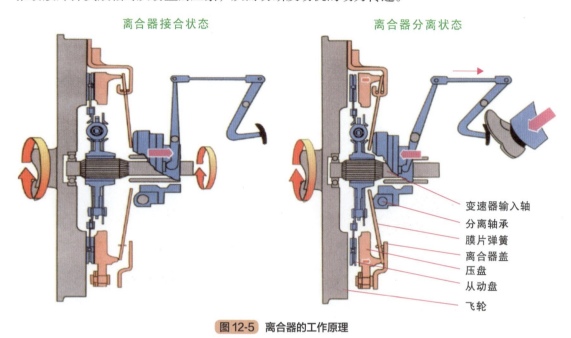

图 12-5　离合器的工作原理

离合器液压操纵机构的结构如图 12-6 所示。踩下离合器踏板时，推杆带动离合器总泵中的活塞运动，从而产生液压力。液压力施加到离合器分离泵中，推动分离轴承压下膜片弹簧，使离合器逐渐分离。

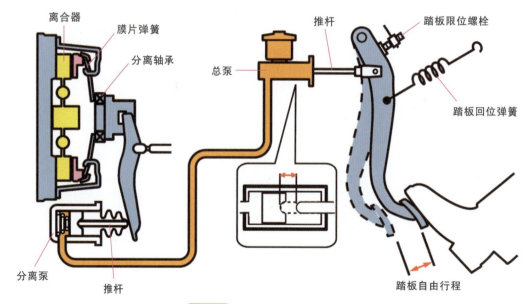

图 12-6　离合器的液压操纵机构

3. 传动轴与半轴

传动轴和半轴的作用是将变速器/减速器输出的转矩传递给差速器，最后使驱动轮转动。

如图12-7和图12-8所示，传动轴由轴管、伸缩套和万向节组成。传动轴可上下摆动并通过伸缩套花键适应路况变化。万向节用来保证变速器输出轴与驱动桥输入轴两轴线夹角的变化不影响动力传递，并实现两轴的等角速度传动。

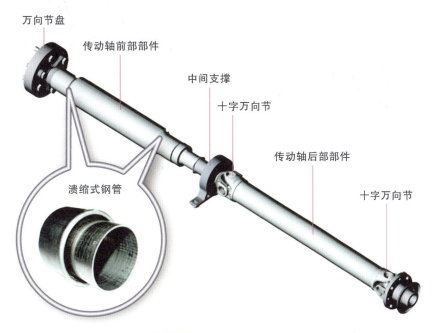

图12-7 十字轴型传动轴

图12-8 等角速型传动轴

半轴又叫驱动轴，安装在变速器侧或差速器与车轮之间。如图 12-9 所示，半轴总成由外球笼、半轴和内球笼组成。由于半轴两端都装有等速万向节，半轴能平滑地传递动力。等速万向节在设计上保证了能平滑传递转矩的同时，允许转向机构和悬架的运动。

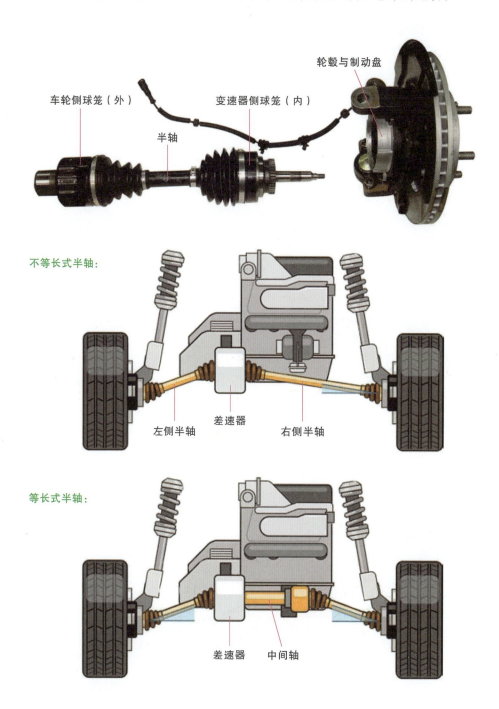

图 12-9　半轴总成的结构与类型

4. 主减速器与差速器

如图 12-10 所示，汽车的主减速器和差速器通常作为整体组装在一起，并直接安装在差速器支座上，该支座安装在后桥壳、车身或车架上。主减速器在改变传动方向的同时还可增大转矩。差速器将驱动力分配给左侧和右侧驱动轴。此外，差速器可使汽车内侧轮与外侧轮以不同的转速旋转，从而平稳过弯。

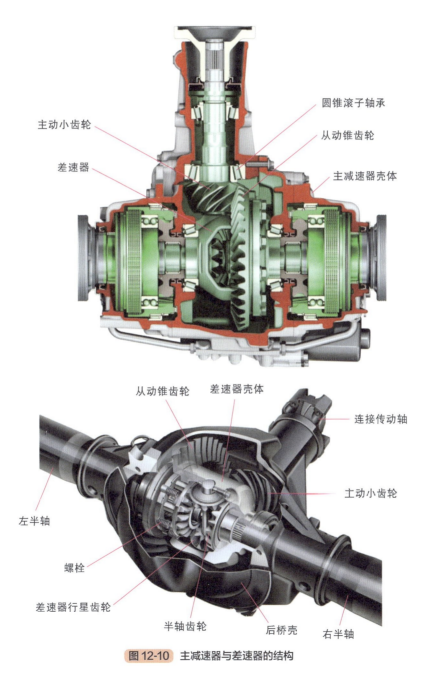

图 12-10　主减速器与差速器的结构

差速器的作用是在向两边半轴传递动力的同时，允许两边半轴以不同的转速旋转，减少轮胎与地面的滑移摩损。前置前驱（FF）车辆差速器的结构如图 12-11 所示。

差速器的工作原理如图 12-12 所示。汽车转弯时，外侧车轮驶过的曲线距离大于内侧车轮，内侧车轮 B 有滑转的趋势，阻力较大。而外侧车轮 A 有滑拖的趋势，阻力较小。此时行星齿轮与内侧车轮的半轴齿轮啮合面比其与外侧车轮的半轴齿轮啮合面受力要大，行星齿轮必然依受力较大的方向绕轴自转，外侧车轮的半轴齿轮随即加速，从而使汽车转弯时两侧车轮以不同转速旋转。

图 12-11　前置前驱车辆差速器的结构

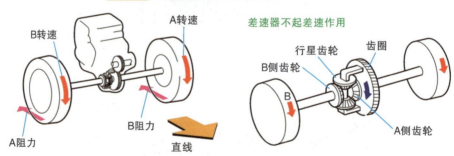

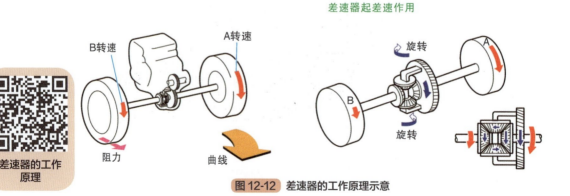

图 12-12　差速器的工作原理示意

5. 整体式后桥

驱动桥处于传动系统的末端，主要功用是将传动装置输入的动力经降速增矩，改变传动方向后分配给左右驱动轮，且允许左右驱动轮以不同转速旋转。整体式后桥的结构如图 12-13 所示。整体式后桥的主减速器壳体与桥壳刚性地连接在一起。

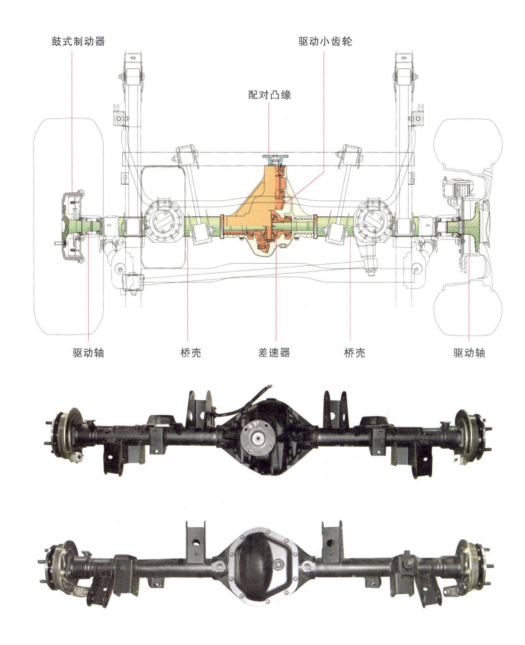

图 12-13　整体式后桥的结构与外观

第13天 传动系统的布置形式

汽车传动系统的布置形式主要与发动机的安装位置及汽车的驱动形式有关。布置形式主要包括：发动机前置前轮驱动（FF）、发动机前置后轮驱动（FR）、发动机中置后轮驱动（MR）、发动机后置后轮驱动（RR）和发动机前置四轮驱动（4WD），如图13-1~图13-5所示。

图13-1 前置前驱（FF）

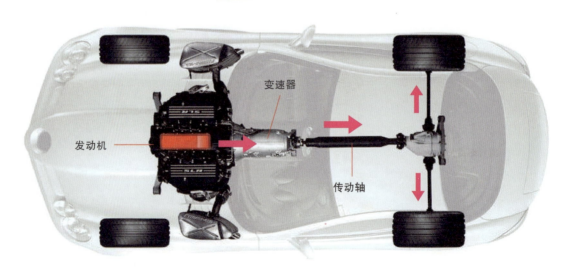

图13-2 前置后驱（FR）

传动系统的布置形式 **第 13 天**

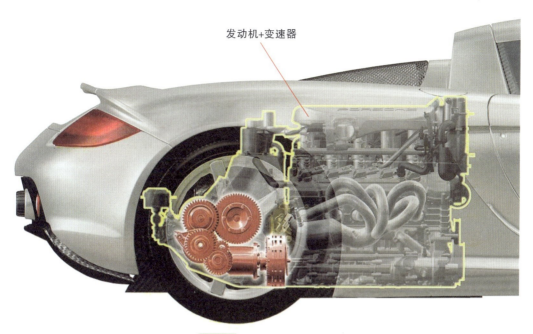

图 13-3　中置后驱（MR）

图 13-4　后置后驱（RR）

四轮驱动包括全时四轮驱动和分时四轮驱动两类，采用四轮驱动形式的传动系统如图 13-5 所示。发动机输出的转矩经变速器、前桥差速器和前桥驱动装置传递到万向传动装置上。

万向传动装置与多片式耦合器的输入轴联接在一起。在多片式耦合器中，输入轴与通往后桥差速器的输出轴是分开的。只有当多片式耦合器中的片组接合时，转矩才能传递到后桥差速器上。

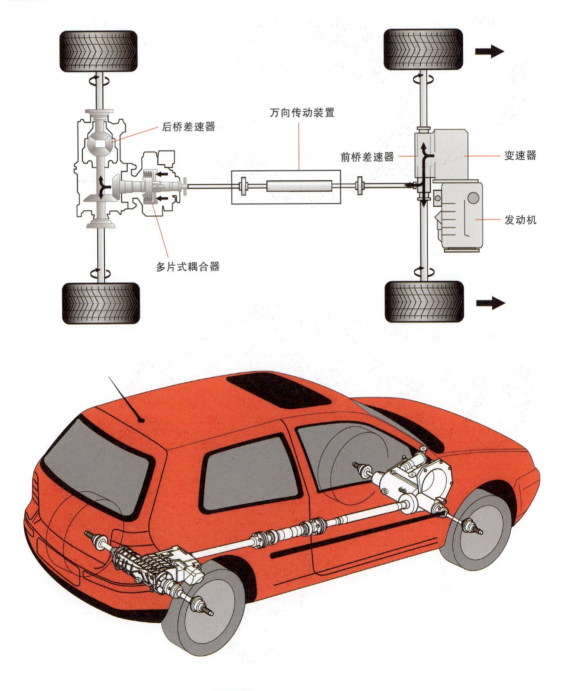

图 13-5　四轮驱动（4WD）

第 14 天　手动变速器

1. 概述

手动变速器又称机械式变速器。换档时必须先踩下离合器踏板，用手拨动变速杆，通过输入轴和输出轴上不同齿轮间的啮合，来改变传动比和传动方向。手动变速器的外观及内部结构如图 14-1 所示。

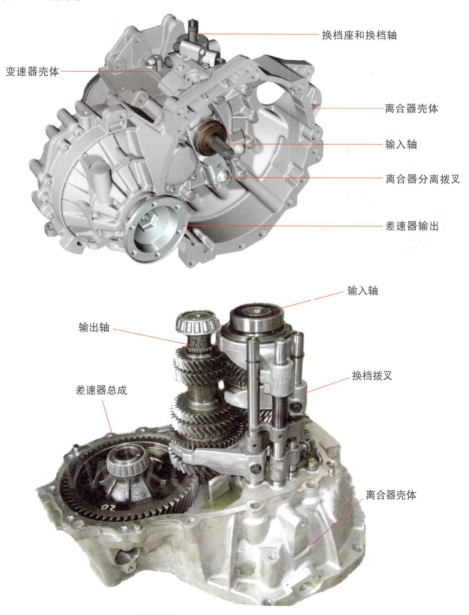

图 14-1　手动变速器的外观及内部结构

整体式变速器壳体与离合器壳体相连，变速器通过离合器壳体与发动机相连。换档座将变速杆的位置通过拉索传递至换档轴。

手动变速器内部组件包括输入轴、输出轴、倒档轴、换档拨叉轴、带有换档轴的换档座和差速器。手动变速器的剖视图如图 14-2 所示。

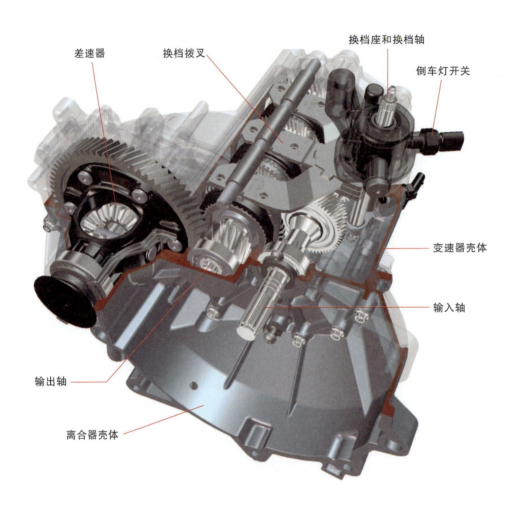

图 14-2　手动变速器的剖视图

手动变速器 第14天

2. 换档操纵机构

换档操纵机构是变速器变换档位的控制机构。变速器通过变换不同的档位来提高或降低车速。如图14-3所示,拉索换档机构包括变速杆模块、选档拉索和换档拉索,以及其与换档座支座的连接件。该机构将两根换档拉索的运动分解成换档轴的向前、向后和旋转运动。

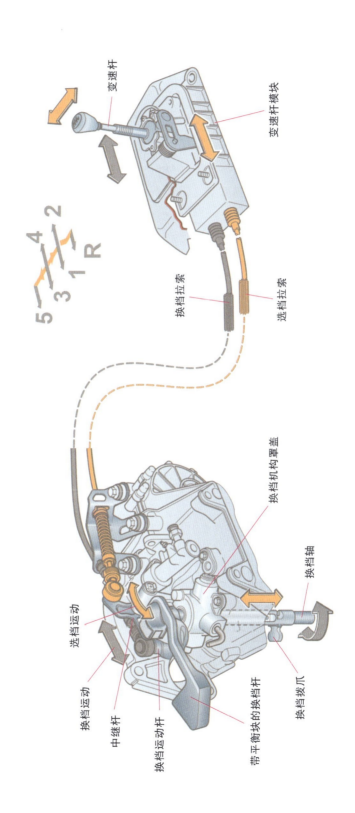

图14-3 拉索式换档操纵机构

93

配备手动变速器的奥迪R8使用的是滑槽式换档机构（图14-4），该机构可使换档动作短促而精确，并可使驾驶人获取所挂档位的准确反馈信息。结实的壳体件和杆件、高质量的轴承和杆件、变速器换档单元上的铰接件，可将换档动作非常直接地传递到变速器内。

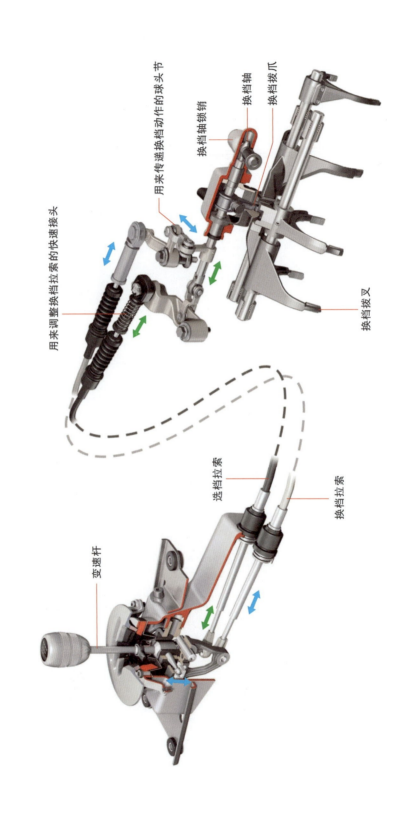

图14-4 奥迪R8手动变速器的滑槽式换档机构

3. 换档拨叉与拨叉轴

换档座将换档拉索和选档拉索的移动传递给拨叉轴。换档轴的末端支承在离合器和变速器壳体内，换档轴上安装有沿轴向运动的换档拨叉。

换档拨叉与拨叉钳口（滑槽）固定连接，换档轴上的换档拨爪卡入到换档拨叉钳口内，用于操作换档拨叉。换档拨叉选中接合套并推动接合套移动，进而完成档位操作。

换档拨叉与拨叉轴的结构如图14-5所示。如果一根拨叉轴安装了几个换档拨叉，则换档拨叉是可以在拨叉轴上滑动的。如果一根拨叉轴对应一个换档拨叉，则两者是相对固定的。换档拨叉移动时，拨叉轴也会移动，且拨叉轴上加工有定位槽（自锁机构）。

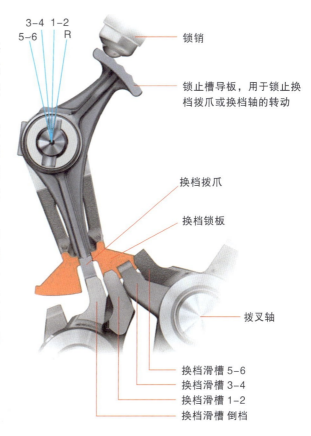

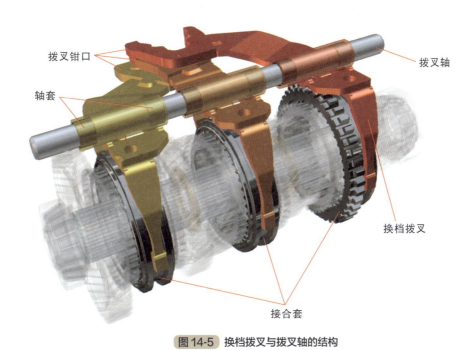

图14-5　换档拨叉与拨叉轴的结构

6速手动变速器的换档拨叉和拨叉轴如图14-6所示。

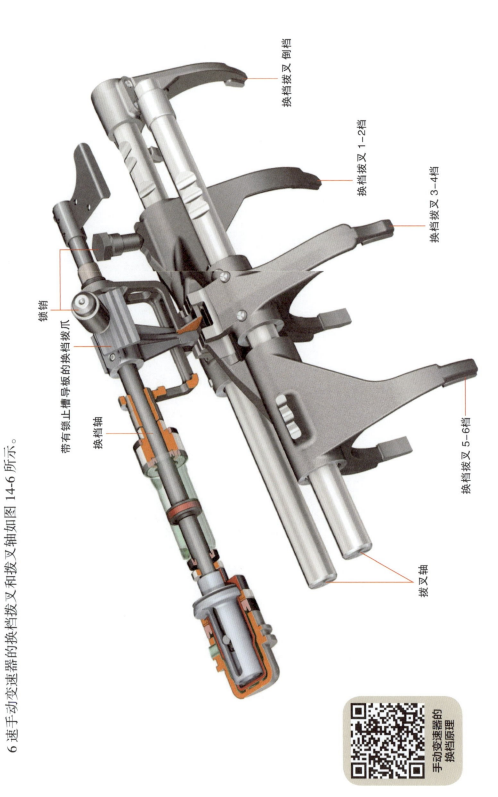

图14-6 6速手动变速器的换档拨叉和拨叉轴

4. 6 档手动变速器

大众 6 档手动变速器 MQ350 的结构如图 14-7 所示。该变速器有三根主轴，即输出轴 1、输出轴 2 和输入轴。其整体长度较短，结构紧凑，适用于前置前驱车辆。

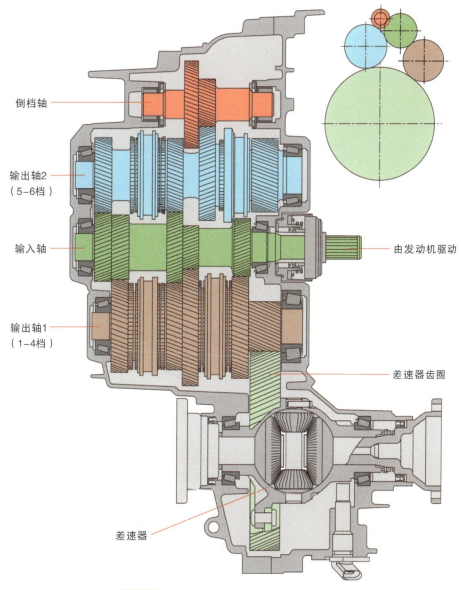

图 14-7 大众 6 档手动变速器 MQ350 的结构

大众 6 档手动变速器 MQ350 的动力传递路线如图 14-8 所示。该变速器有两根输出轴。输入轴接收发动机的动力，然后通过挂入的档位将动力传输至输出轴和差速器，最终传输至前轮。选择输出轴上不同档位的齿轮，再由输出轴将动力传输给差速器。

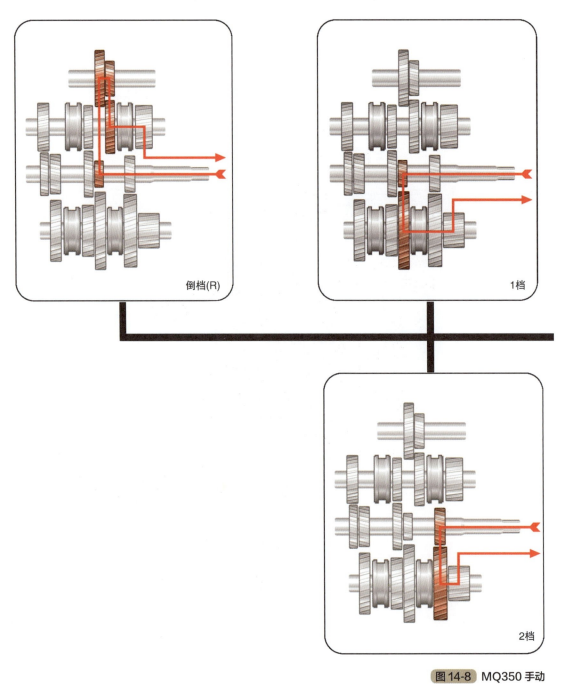

图 14-8　MQ350 手动

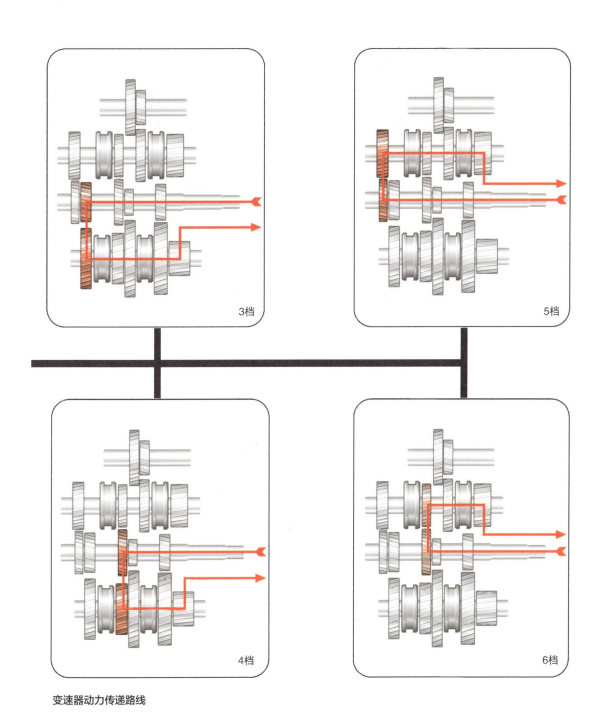

变速器动力传递路线

5. 5档手动变速器

5档两轴式手动变速器的结构如图14-9所示。输入轴与1档、2档和倒档齿轮由同一工件制成。3档、4档和5档的齿轮则单独制成，并压装在输入轴上。在输出轴上安装有接合套和同步器、换档齿轮和差速器传动装置。倒档的档位齿轮和倒档的中间齿轮沿方向在一起。只有当接合套卡入中间齿轮时，挂入倒档的移动到输出轴上并卡入中间齿轮时，挂入倒档的操作才会产生动力啮合。

5档两轴式手动变速器输入轴与输出轴之间的动力传递路线如图14-10所示。

图14-9 5档两轴式手动变速器的结构

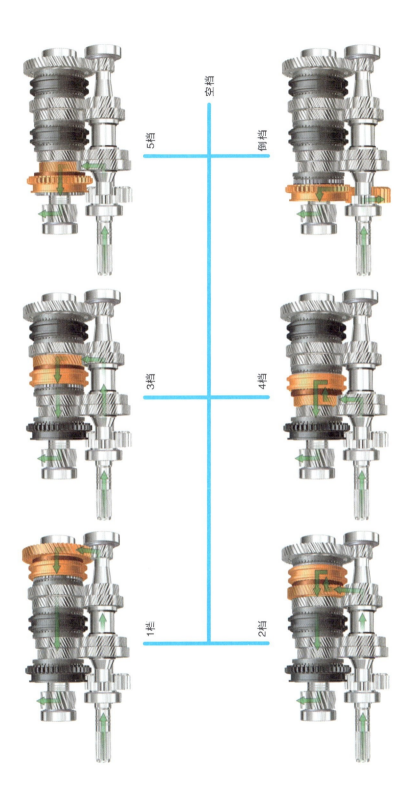

图14-10　5挡两轴式手动变速器的动力传递路线

6. 输入轴与输出轴

手动变速器是通过输入轴和输出轴上不同齿轮对之间的啮合来改变传动比的。长城5档手动变速器的输入轴与输出轴如图14-11所示。

输入轴前端有花键，与离合器从动盘的花键毂相配合。输入轴的1档、2档和倒档齿轮是固定在输入轴上的，而3档、4档和5档齿轮是活动的，并套在滚针轴承上空转。输入轴还包括3档/4档同步器和5档同步器，这些同步器是通过接合齿毂内的键槽与输出轴相连的。

输出轴上的1档、2档齿轮是套在滚针轴承上空转的，而3档、4档和5档齿轮是通过花键固定在输出轴上的。输出轴有一个1档/2档同步器，用来接合1档、2档空转齿轮。

图14-11 长城5档手动变速器的输入轴与输出轴

第15天　行星齿轮式自动变速器

1. 概述

行星齿轮式自动变速器主要由液力变矩器和行星齿轮变速机构组成。行星齿轮式自动变速器的总体结构如图15-1所示。

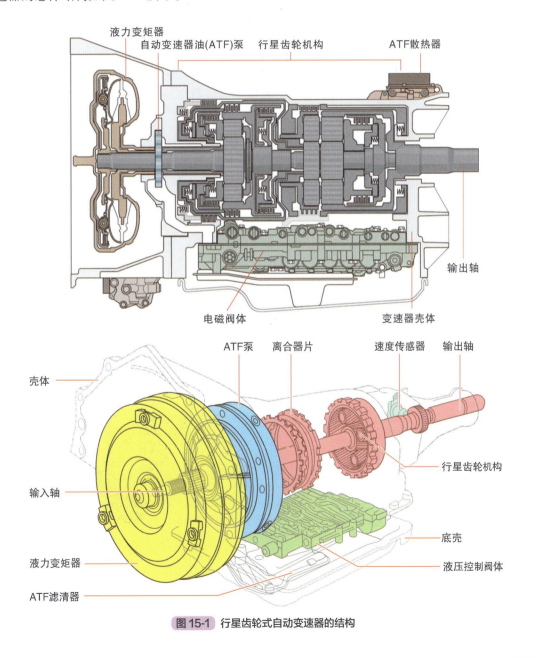

图15-1　行星齿轮式自动变速器的结构

大众 6 速自动变速器 09L 的结构如图 15-2 所示。该变速器用于纵置发动机、四轮驱动车辆，集成有中间差速器（托森差速器）和前桥主传动装置。

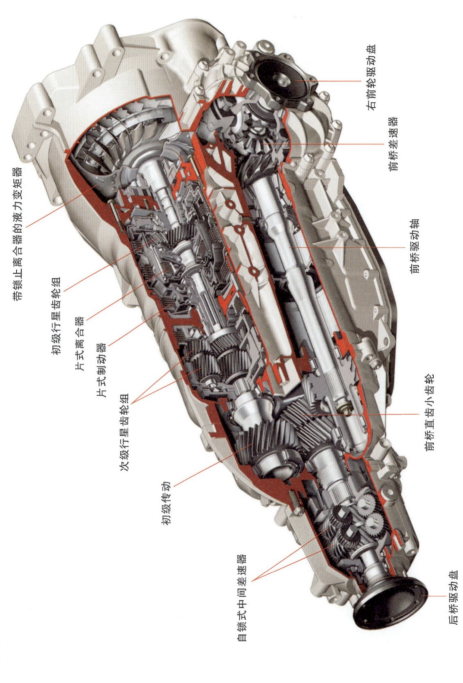

图 15-2 大众 6 速自动变速器 09L 的结构

2. 电液换档机构

自动变速器通过各传感器和开关监测汽车和发动机的运行状态，将采集到的信息转换成电信号输入电控单元。电控单元根据信号，指令电磁阀打开或关闭换档离合器和制动器的油路，控制换档时刻和档位变换，实现自动变速。自动变速器的电液换档机构如图15-3所示。

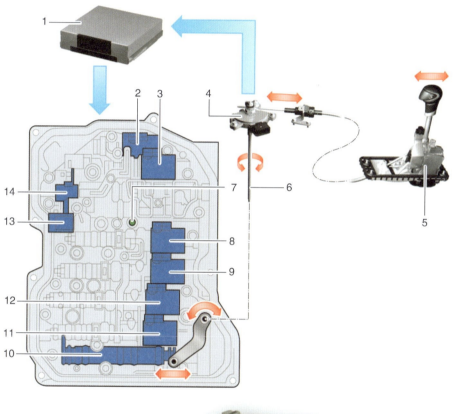

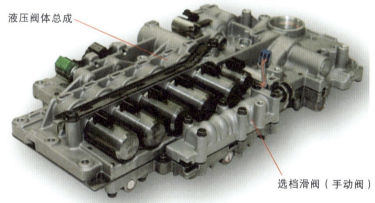

图15-3 自动变速器的电液换档机构

1—变速器控制单元
2、3、8、9、11、12—调压阀
4—选档杆位置开关
5—选档杆
6—换档轴
7—ATF温度传感器
10—选档滑阀
13、14—电磁阀

3. 液力变矩器

　　液力变矩器安装在发动机和自动变速器之间，由泵轮、涡轮和导轮等构成。泵轮焊接在液力变矩器壳体上，变矩器壳体由螺杆固定在发动机飞轮上。在液力变矩器内部安装有锁止离合器，其作用是防止动力损失和降低燃油消耗量。液力变矩器的结构如图 15-4 所示。

　　泵轮的作用是把发动机的机械能转化为自动变速器油（ATF）的动能。涡轮与变速器输入轴连接在一起，其作用是把 ATF 的动能重新转化为机械能输入行星齿轮组。液力变矩器的工作原理（图 15-5）就像两个相对的风扇，一个风扇（泵轮）工作，带动另一个风扇（涡轮）转动。

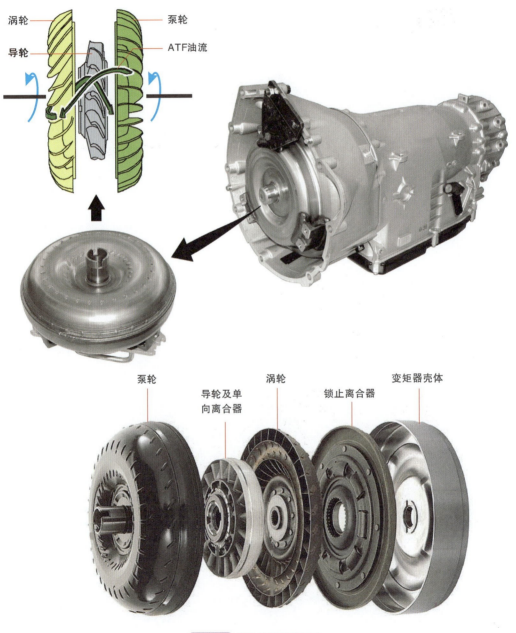

图 15-4　液力变矩器的结构

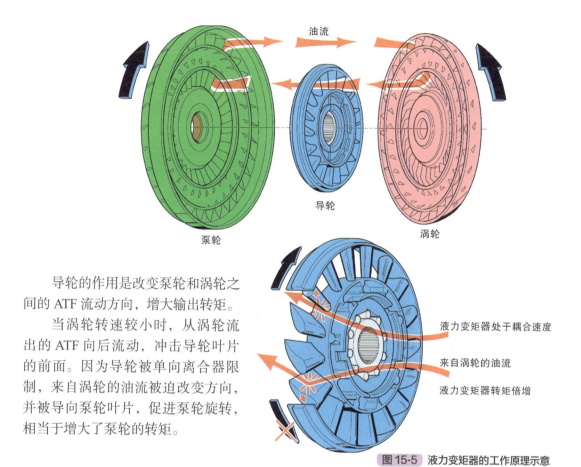

导轮的作用是改变泵轮和涡轮之间的 ATF 流动方向，增大输出转矩。

当涡轮转速较小时，从涡轮流出的 ATF 向后流动，冲击导轮叶片的前面。因为导轮被单向离合器限制，来自涡轮的油流被迫改变方向，并被导向泵轮叶片，促进泵轮旋转，相当于增大了泵轮的转矩。

图 15-5　液力变矩器的工作原理示意

如图 15-6 所示，在车速较高时，随着涡轮转速与泵轮转速接近，液力变矩器通过电磁阀引入压力油将锁止离合器与壳体直接连接，即涡轮与泵轮刚性地连接在一起，实现机械传动，以提高传动效率。

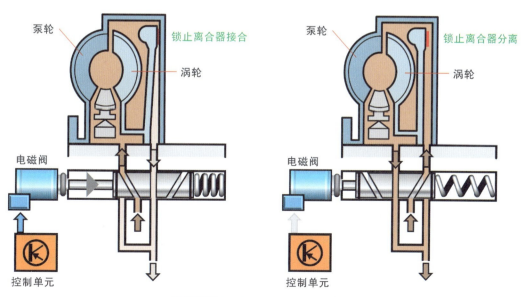

图 15-6　锁止离合器的工作原理示意

4. 换档执行机构

换档执行机构（图15-7）主要用来改变行星齿轮中的主动元件或限制某个元件的运动，改变动力传递的方向和传动比。它主要由多片式离合器、制动器和单向离合器等组成。

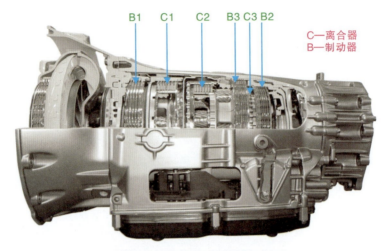

图15-7 自动变速器内部的换档执行机构

离合器的作用是把动力传递给行星齿轮机构的某个元件，使其成为主动件，或将某两个元件连接在一起。制动器的作用是将行星齿轮机构中的某个元件抱住，使其静止。单向离合器的作用和多片式离合器及制动器基本相同，也是用于固定或连接几组行星齿轮中的某些太阳轮、行星架、齿圈等基本元件，让行星齿轮变速机构形成不同传动比的档位。

多片式离合器的结构如图15-8所示。

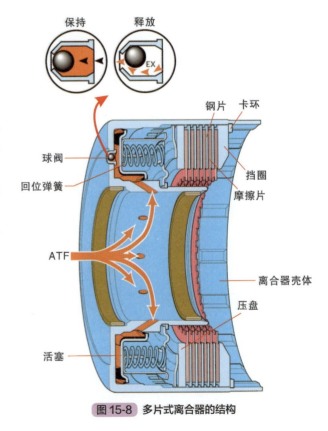

图15-8 多片式离合器的结构

带式制动器的结构原理如图 15-9 所示。变速器 ATF 油路里的 ATF 进入制动器室，克服回位弹簧弹力，推动制动器活塞及推杆移动。推杆推压制动带一端，使制动带紧压在离合器鼓（或某一行星齿轮元件）上，使其停止转动。

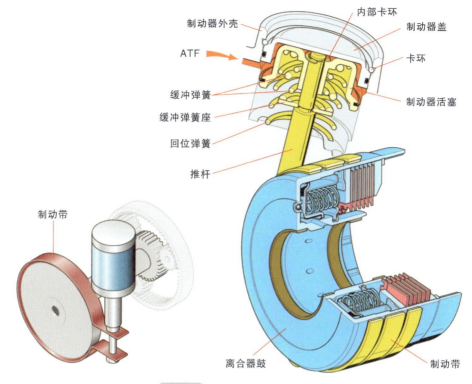

图 15-9　带式制动器的结构原理

多片式制动器的工作原理与多片式离合器一样，它们都利用液压工作。不同的是，多片式制动器的钢片卡入了变速器壳体中。当制动器工作时，旋转齿轮部件就被制动了。多片式制动器的工作原理如图 15-10 所示。

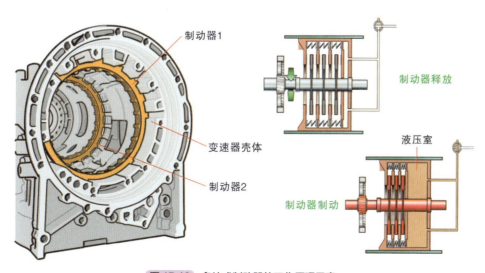

图 15-10　多片式制动器的工作原理示意

5. 行星齿轮机构

自动变速器通常采用行星齿轮式变速机构。行星齿轮机构（图 15-11）主要由太阳轮（也称中心轮）、内齿圈、行星架和行星齿轮等元件组成。行星齿轮机构传动比的改变是通过以不同的元件作主动件和限制不同元件的运动实现的。

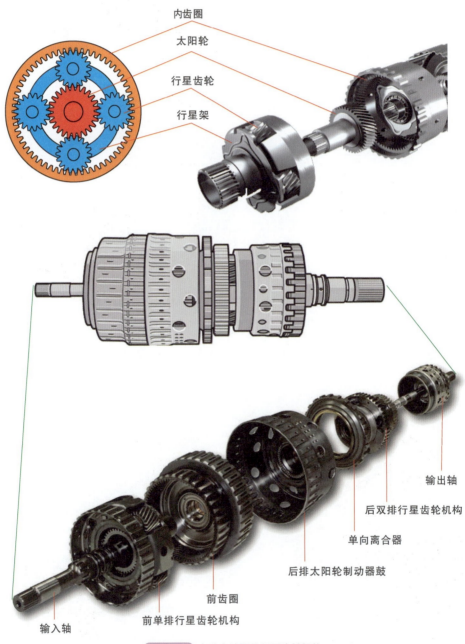

图 15-11　自动变速器的行星齿轮机构

6. 驻车锁止机构

驻车锁止机构在自动变速器挂入驻车档时，可确保静止的车轮不会转动，不会溜车。自动变速器的驻车锁止机构如图 15-12 所示。

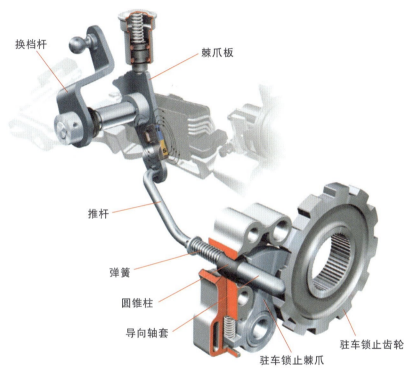

驻车锁止齿轮位于变速器壳体后端的输出轴上。在变速杆置于 P 位时，圆锥柱在驻车锁止棘爪和导向轴套之间滑动。此时，棘爪推动驻车锁止齿轮。如果棘爪在车辆停住时未啮合于齿牙中间位置，而只接触到驻车锁止齿轮的齿牙边缘，则通过弹簧和导向轴套定位，圆锥柱被预拉紧。

当驻车锁止齿轮继续转动时，棘爪在驻车锁止齿轮的下一个齿牙空隙中啮合。为保证可靠驻车，设计了合适的齿牙空隙宽度。这样，当车辆停稳或缓慢移动时，使驻车锁止棘爪成功啮合。

图 15-12 驻车锁止机构的结构原理

第16天 无级变速器（CVT）

1. 概述

无级变速器（CVT，图 16-1）采用传动带和工作直径可变的主、从动锥轮相配合传递动力，可实现传动比的连续改变。该装置包括两个对置的锥轮和一条环绕在两个锥轮上的 V 形传动钢带。变速装置的动力最终通过中间轴传递到变速器内的差速器。

CVT 的基本工作原理如图 16-2 所示。

图 16-1 无级变速器剖面

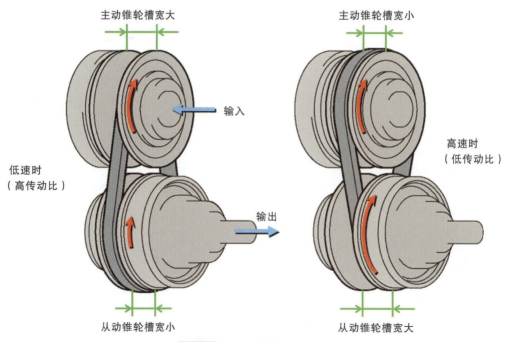

图 16-2 CVT 的基本工作原理

2. CVT 的结构形式

根据辅助齿轮箱（行星齿轮组，用来产生前进档和倒档）的安装位置，CVT 可分为图 16-3 所示的两种结构形式。辅助齿轮箱在前的 CVT 结构更加简洁紧凑，为目前广泛采用的一种形式。

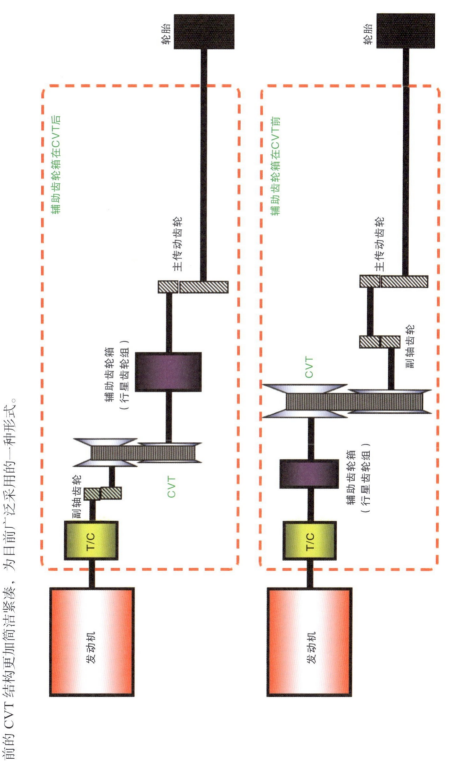

图 16-3 CVT 的两种结构形式

CVT 的总体结构如图 16-4 所示。发动机转矩通过飞轮减振装置或变矩器传递到 CVT。前进档和倒档 CVT 通过行星齿轮组和两个离合器实现前进档和倒档。

CVT 通过调节主动锥轮和从动锥轮压力腔的压力来移动可滑动的锥轮，实现换档和调节传动比，同时保证压力相对低时，锥轮斜面和钢带间有足够的接触压力。

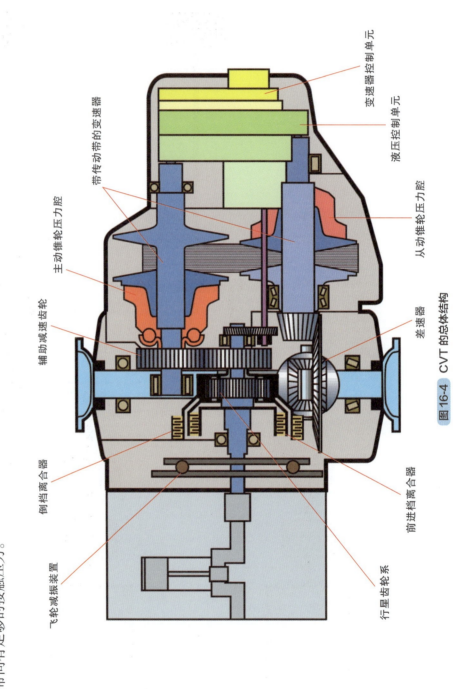

图 16-4 CVT 的总体结构

3. CVT 的动力传递路线

奔驰 CVT 的动力传递路线如图 16-5 所示。发动机转矩从变矩器 3 传送到 CVT。传动带 5 将来自主动锥轮组件 1 的转矩传递到从动锥轮组件 6。然后，转矩通过带多片式离合器的单行星齿轮机构传递到内部轴。最后，通过齿轮中间轴，转矩被传递到差速器 4。差速器 4 将转矩均匀地分配给半轴。

前进： 车辆前行时，前进档离合器（KV）接合。转矩通过内部托架和太阳轮传递到外盘托架。按顺序，外盘托架固定在齿圈上，齿圈通过齿与输出轴相连。

倒车： 倒车时，多片式制动器（BR）接合。发动机转矩通过太阳轮和行星齿轮传递到齿圈，齿圈与外盘托架相连，导致齿轮组件的旋转方向改变。

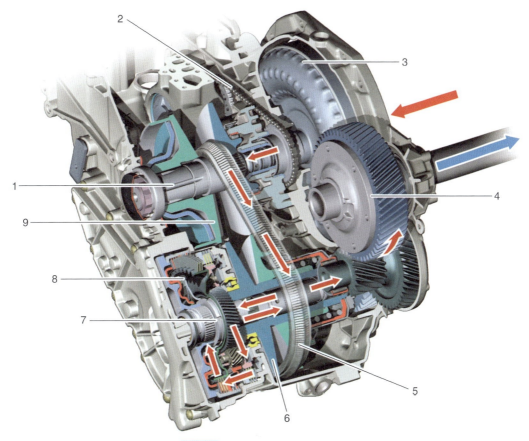

图 16-5 奔驰 CVT 的动力传递路线

1—主动锥轮组件	6—从动锥轮组件
2—机油泵驱动器	7—输出/从动轴
3—变矩器	8—倒档组件
4—差速器	9—主动锥轮组件
5—传动带	

4. 无级变速组件

无级变速组件（图16-6）由两个锥轮组件和传动带组成。每个锥轮组件由一个固定锥轮和一个移动锥轮组成。主动锥轮组件和从动锥轮组件受控，当一个锥轮组件的移动锥轮向固定锥轮靠拢时，另一个锥轮组件的移动锥轮与固定锥轮分开。

传动比由主压力改变，接触压力由辅助压力改变。压力作用到辅助锥轮组的移动锥轮上，传动带被压低，从而传递转矩。

当压力作用在主动锥轮组件的移动锥轮上时，移动锥轮向固定锥轮靠拢，这使主锥轮上的传动带运转半径增大。

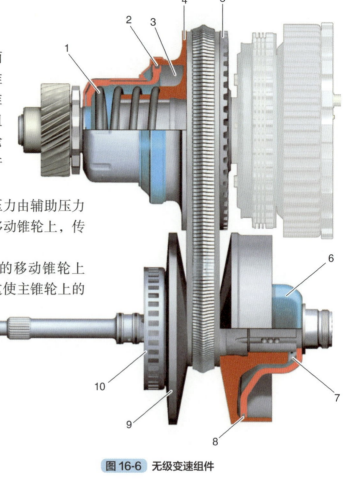

1—弹簧（辅助锥轮组）
2—带密封衬片的活塞（辅助锥轮组）
3—压力腔（辅助锥轮组）
4—移动锥轮（辅助锥轮组）
5—固定锥轮（辅助锥轮组）
6—移动锥轮（主动锥轮组）
7—压力腔（主动锥轮组）
8—带密封环的活塞（主动锥轮组）
9—固定锥轮（主动锥轮组）
10—转速信号环（主动锥轮组）

图16-6 无级变速组件

同时，压力作用在辅助锥轮上，使移动锥轮远离固定锥轮，从而使传动带的运转半径缩小。这一变速程序适用于两个方向。

钢质传动带位于CVT中的两个锥轮之间，其作用是将发动机转矩从主锥轮组传递到辅助锥轮组。

传动带被压低到锥轮上，发动机传递转矩。接触压力取决于负载和传动比。

如图16-7所示，钢质传动带由约400个止推块和2个环组件组成，每个环组件由12个单个环（带）组成。

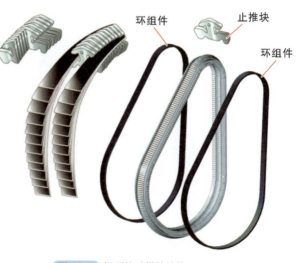

图16-7 钢质传动带的结构

5. 传动比的连续调节

CVT 传动比的调节是连续进行的，以适应车辆运行工况。

调大传动比（图 16-8）：

CVT 启动主压力阀，使更大的压力作用在辅助锥轮上。在压力的作用下，可移动锥轮 1 向固定锥轮 3 移动，且传动带的运转半径增大。压力同时使主动锥轮组件的运转半径缩小。

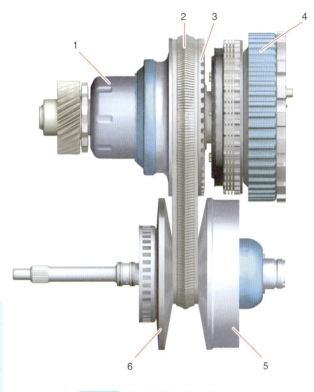

1—可移动锥轮（辅助锥轮组）
2—钢质传动带
3—固定锥轮（辅助锥轮组）
4—行星齿轮系
5—可移动锥轮（主动锥轮组）
6—固定锥轮（主动锥轮组）

图 16-8 传动比变大（低速档）

调小传动比（图 16-9）：

随着作用在辅助锥轮组件上的传动油压的降低，可移动锥轮 1 向远离固定锥轮 3 的方向移动。因此，主动锥轮组件上的传动带运转半径缩小。

同时，主动锥轮组件中的可移动锥轮 5 向固定锥轮 6 移动，旋转半径因此增大。

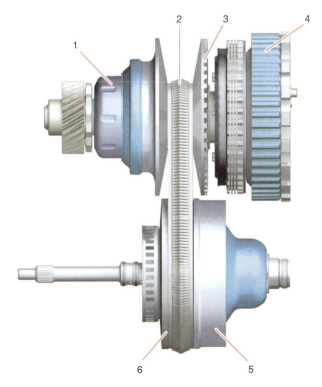

图 16-9 传动比变小（高速档）

1—可移动锥轮（辅助锥轮组）
2—钢质止推带
3—固定锥轮（辅助锥轮组）
4—行星齿轮系
5—可移动锥轮（主动锥轮组）
6—固定锥轮（主动锥轮组）

第17天 双离合变速器

1. 概述

双离合变速器（DCT/DSG）是基于手动变速器，且具有两个离合器及类似手动变速器的同步装置和换档机构的自动变速器。大众 02E 湿式双离合变速器的总体结构如图 17-1 所示，基本工作原理如图 17-2 所示。

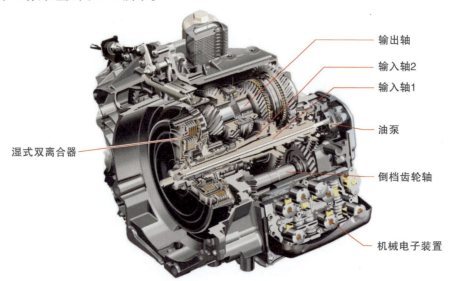

图 17-1 大众 02E 双离合变速器

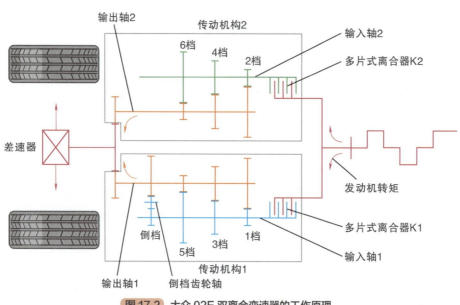

图 17-2 大众 02E 双离合变速器的工作原理

2. 6档湿式双离合变速器

发动机转矩由双质量飞轮借助花键传递到双离合器的输入毂上。从双离合器开始，根据具体使用哪一档行车，发动机转矩就传递到输入轴1或2，然后再传递到相应的输出轴1或2。

为清楚表示出每个轴，图17-3中的输出轴1/2以及倒档轴并不处于实际位置，而是与其他轴处于同一平面。

输入轴采用同轴布置形式，且奇数档和偶数档齿轮混合分布在两个输出轴上。这两个输出轴采用不同的传动比将发动机转矩传递到主传动直齿圆柱齿轮上，然后再传递到差速器。

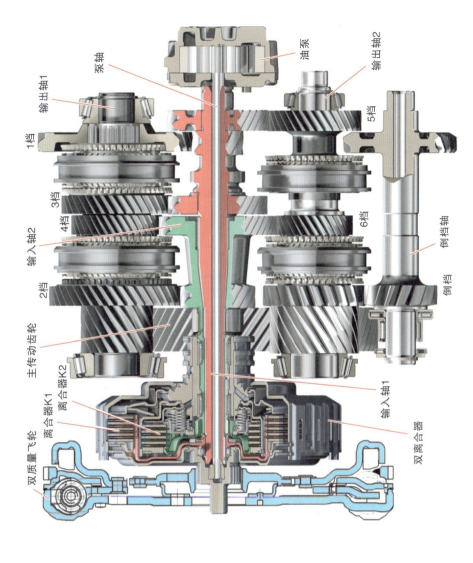

图17-3 大众02E双离合变速器

双离合变速器主要由两个彼此相互独立的传动机构组成。单个传动机构的结构与手动变速器是相同的,两者各配一个多片式离合器。两个多片式离合器分别与两根输入轴相连,换档和离合操作是通过机械电子装置实现的。大众02E双离合变速器内各轴的位置及传动装置如图17-4所示。

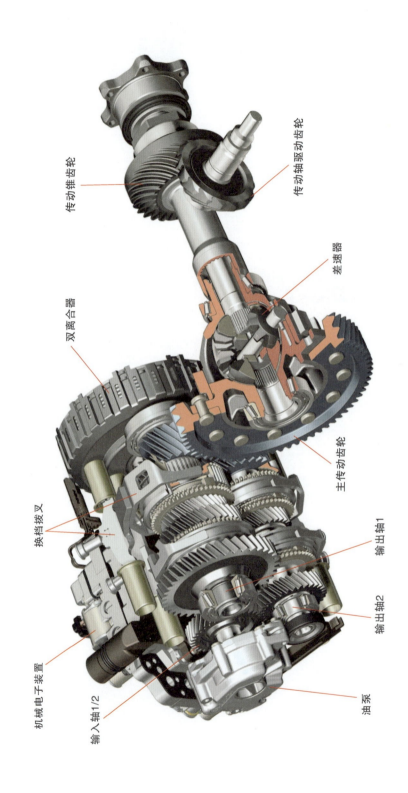

图17-4 大众02E双离合变速器内各轴的位置

发动机转矩经外片支架传递到相应的离合器内。当离合器接合时，转矩就传递到相应的离合器内片支架上，即传递到相应的输入轴上。

如图 17-5 所示，离合器 K1 是一个外离合器，可将转矩传递到 1、3、5 和倒档所在的输入轴 1 上。当液压油压进入离合器 K1 的压力腔时，活塞 1 就开始移动，这就使离合器 K1 的片组压紧在一起，离合器接合。转矩经内片支架的片组传递到输入轴 1 上。

如图 17-6 所示，离合器 K2 是一个内离合器，可将转矩传递到 2、4、6 档所在的输入轴 2 上。要想使该离合器接合，必须将液压油压入离合器 K2 的压力腔内。于是，活塞 2 就通过该离合器片组将转矩传递到输入轴 2 上。

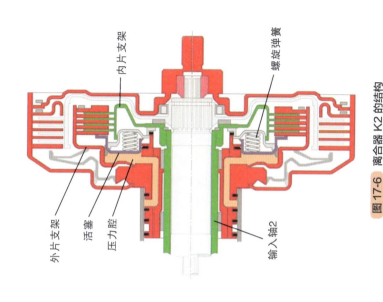

图 17-6 离合器 K2 的结构

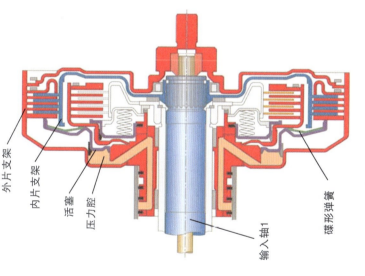

图 17-5 离合器 K1 的结构

双离合变速器的换档机构与手动变速器一样,也是采用换档拨叉。每个换档拨叉配有一个行程传感器,该传感器用于感知换档拨叉的准确位置和行程。大众 02E 双离合变速器的换档拨叉如图 17-7 所示。

换档液压油经过变速器壳体上的孔流至相应档位的液压缸内。于是,在换档拨叉上产生压力,将换档拨叉推至左侧止点位置或右侧止点位置或中间位置(空档位置)。如果已挂档,则相应的液压缸就会卸压。档位由换档齿的齿背和止动销来保持。

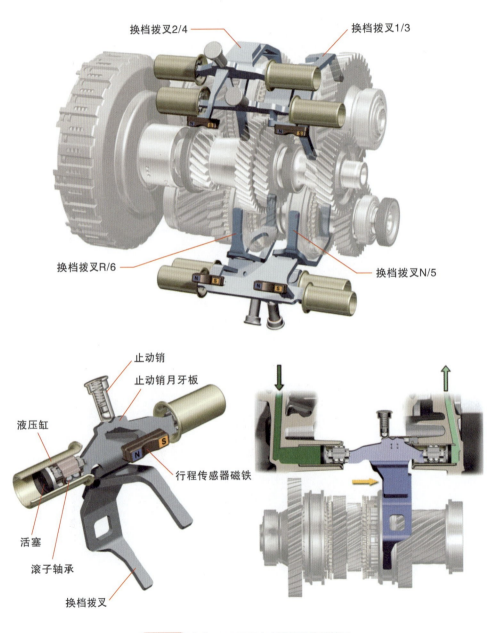

图 17-7 大众 02E 双离合变速器的换档拨叉

02E 双离合变速器倒档（R）和 1 档的动力传递路线如图 17-8 所示。

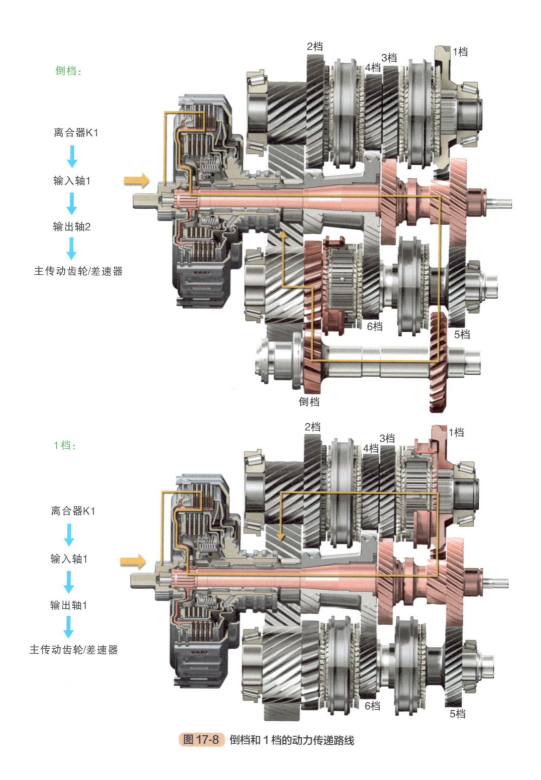

图 17-8　倒档和 1 档的动力传递路线

大众02E双离合变速器2档和3档的动力传递路线如图17-9所示。

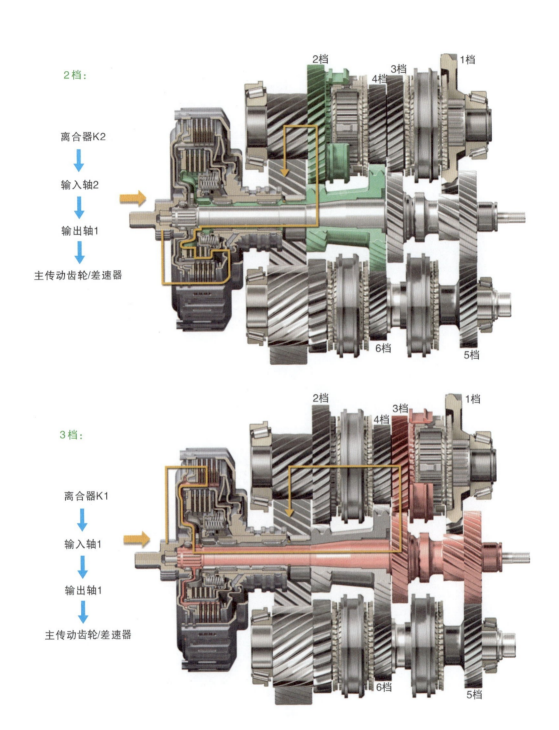

图17-9 2档和3档的动力传递路线

3. 7档干式双离合变速器

大众7档0AM双离合变速器采用前部横置安装形式及干式双离合器。如图17-10所示,转矩通过固定在曲轴上的双质量飞轮传递至双离合器。为此,双质量飞轮中有内齿轮。该齿轮与双离合器支撑环上的外齿轮啮合,将转矩继续传递到离合器内部。

0AM双离合变速器的工作原理如图17-11所示。

图 17-10　大众0AM双离合变速器的转矩输入

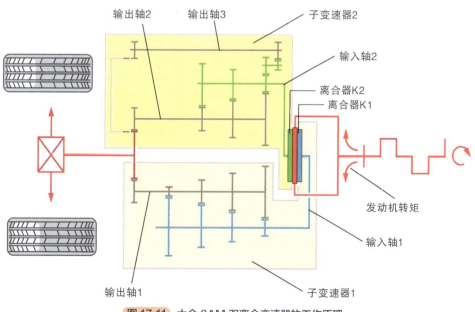

图 17-11　大众0AM双离合变速器的工作原理

0AM 变速器的双离合器由两个传统离合器结合而成。支撑环将转矩传递给双离合器内的主动轮，主动轮以浮动方式支撑在输入轴 2 上。如果操纵了其中一个离合器，则转矩会通过主动轮传递给相应的离合器从动盘，然后继续传递给相应的输出轴。

离合器 K1 通过花键将转矩传递给输入轴 1。输入轴 1 将 1 档和 3 档的转矩继续传递给输出轴 1，将 5 档和 7 档的转矩传递给输出轴 2。

离合器 K2 通过花键将转矩传递给输入轴 2。输入轴 2 将 2 档和 4 档的转矩传递给输出轴 1，将 6 档和倒档的转矩传递给输出轴 2。此后，转矩通过倒档中间齿轮 R1 继续传递给输出轴 3 的倒档齿轮 R2。

如图 17-12 所示，三个输出轴都与主减速器齿轮连接。

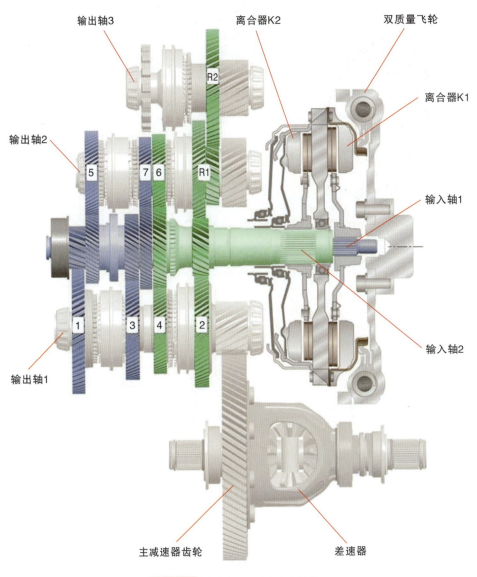

图 17-12　大众 0AM 双离合变速器

离合器 K1 将 1、3、5 和 7 档的转矩传递给输入轴 1。如图 17-13 所示，操纵 K1 接合杆时，接合轴承压向碟形弹簧，使离合器压盘拉动离合器从动盘接近主动轮。离合器接合，转矩传递给输入轴。

离合器 K2 将 2、4、6 和倒档的转矩传递给输入轴 2。如图 17-14 所示，操纵 K2 接合杆时，接合轴承受向离合器压盘的碟形弹簧，使离合器压盘向碟形弹簧。由于碟形弹簧支撑在离合器壳体上，离合器压盘压向主动轮，转矩传递给输入轴 2。

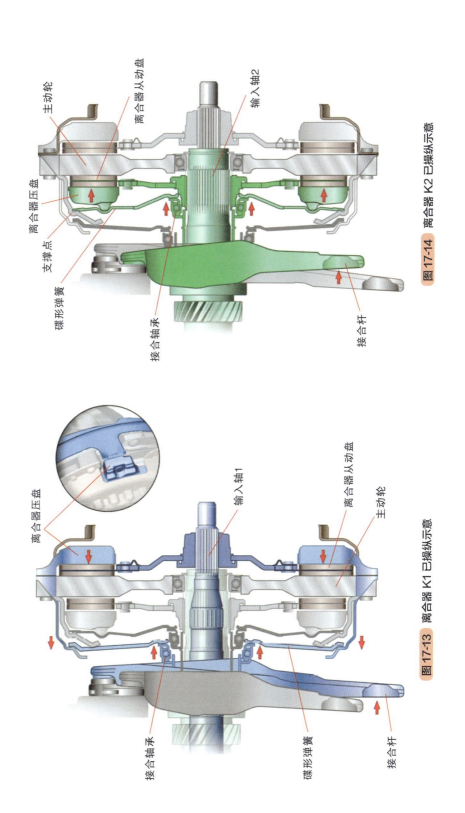

图 17-14 离合器 K2 已操纵示意

图 17-13 离合器 K1 已操纵示意

离合器 K1 和 K2 通过液压方式操纵。两个离合器在机械电子单元中各有一个离合器调节器。离合器调节器的结构与工作原理如图 17-15 所示。

操纵离合器 K1 时，机械电子单元的电子控制单元控制电磁阀，通过控制打开通向离合器调节器的液压油通道，使液压油到达离合器调节器活塞后方。离合器调节器活塞移动并操纵离合器接合杆，使离合器接合。控制单元通过离合器行程传感器获得离合器的位置信号。

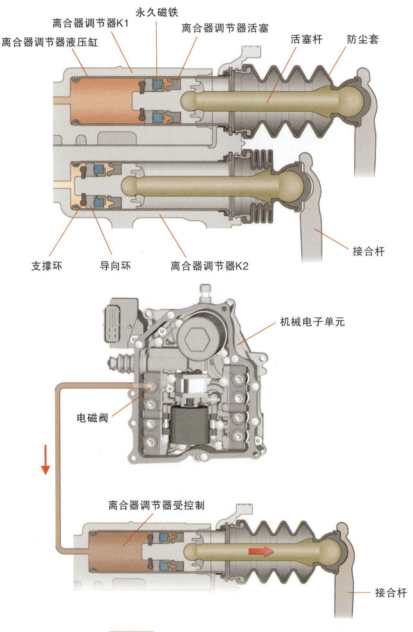

图 17-15 离合器调节器的结构与工作原理

双离合变速器 第17天

4. 7档湿式双离合变速器

0B5变速器（图17-16）是一款7档湿式双离合变速器，它与全时四驱系统联合使用，以纵置形式安装在汽车上。

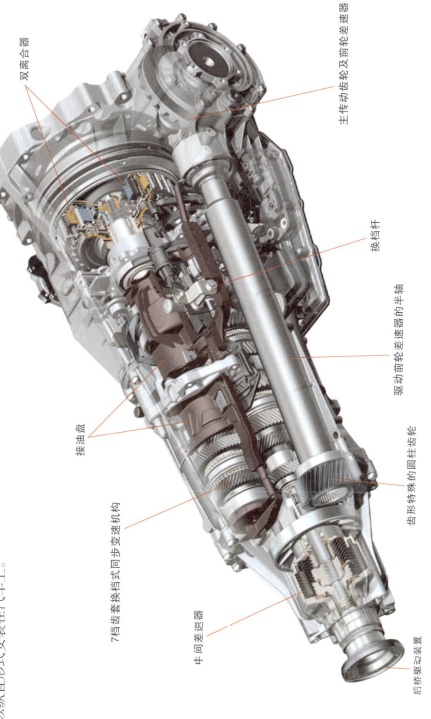

图17-16　0B5双离合变速器

（标注：双离合器、主传动齿轮及前轮差速器、换档杆、驱动前轮差速器的半轴、齿形特殊的圆柱齿轮、后桥驱动装置、中间差速器、7档齿套换档式同步变速机构、接油盘）

129

0B5 双离合变速器的内部结构如图 17-17 所示。

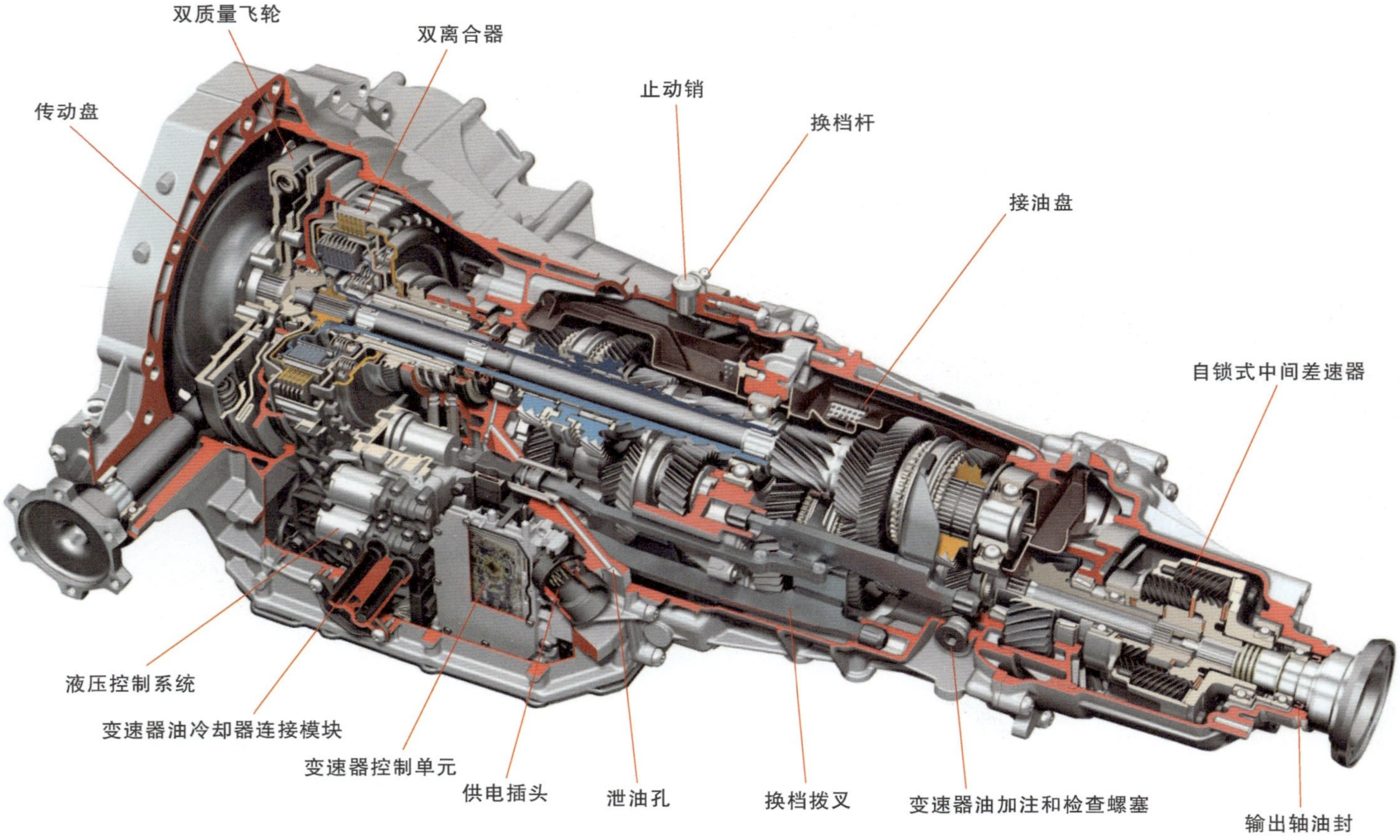

图 17-17　0B5 双离合变速器的结构

标注：双质量飞轮、传动盘、双离合器、止动销、换档杆、接油盘、自锁式中间差速器、输出轴油封、变速器油加注和检查螺塞、换档拨叉、泄油孔、供电插头、变速器控制单元、变速器油冷却器连接模块、液压控制系统

双离合变速器 第17天

发动机的转矩通过传动盘传递到双质量飞轮上。再传递到电动液压调节的双离合器，双离合器可操纵偶数档或奇数档。0B5变速器的变速机构如图17-18所示。

奇数档（1、3、5、7档）可通过中间输入轴1用离合器K1来驱动。

偶数档（2、4、6档）和倒档可通过输入轴2（一根空心轴）用离合器K2来驱动。

采用一根公用输出轴将转矩直接传递到中间差速器。中间差速器将约60%的转矩分配给后桥法兰轴，约40%的转矩分配给后桥分配给齿形特殊的圆柱齿轮，并经半轴传递到前轮驱动装置。

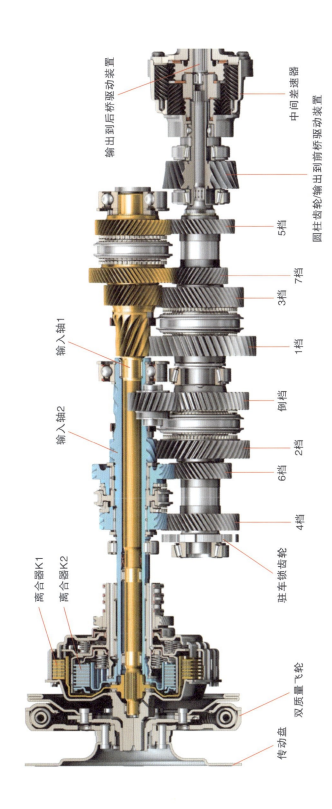

图17-18 0B5变速器的变速机构

131

第18天 四轮驱动系统

1. 概述

四轮驱动指车辆的传动系统可向四个车轮输送动力。四轮驱动系统一般分为分时四轮驱动系统和全时四轮驱动系统两类。奥迪 Q7 的全时四轮驱动系统如图 18-1 所示。

分时四驱需由驾驶者手动切换驱动模式,驾驶者可通过接通或断开分动器来选择两轮驱动或四轮驱动模式。分时四驱的车辆没有中央差速器,前轮与后轮间的转速差无法清除。这是 SUV 中最常见的驱动模式,其优点是既能保证车辆的动力性和通过性,又能兼顾燃油经济性。

全时四驱指车辆在整个行驶过程中一直保持四轮驱动模式。在干燥的公路上行驶时,汽车可以使用两轮驱动。如果车轮打滑,则可自动切换四轮驱动模式。大多数全时四驱系统还具备高低档分动箱,可在恶劣地形情况下使用分动箱的低速档(4L),提供更大的转矩。

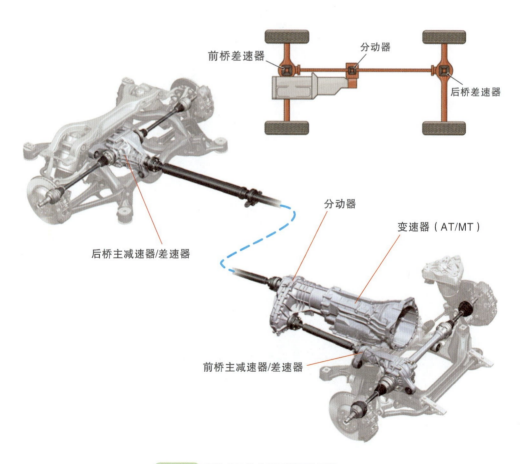

图 18-1 奥迪 Q7 的全时四轮驱动系统

2. 分动器

分动器用来分配传递到前轴和后轴的转矩，并且可以在两驱（前驱或后驱）和四驱之间切换。奥迪 Q7 四轮驱动系统的分动器如图 18-2 所示。

图 18-2　奥迪 Q7 四轮驱动系统的分动器

链条传动装置（图 18-3）将转矩传输到前桥。差速器通过与输入轴同轴布置的输出轴来驱动后桥。前桥转矩传输到上链轮上。链轮位于上输出轴上，可自由转动，它通过链条驱动下链轮。下链轮与法兰轴固定在一起，形成前桥主减速器的驱动力。

链条传动装置使用自动变速器油（ATF）来进行润滑。汽车行驶时，链条将 ATF 向上输送，由油盘刮掉 ATF。一条设计好的油道将 ATF 输送到差速器中和输入轴的轴承上。从车辆起步开始就能输送足够的 ATF。

图 18-3　链条传动装置

3. 带黏性耦合器的四轮驱动系统

带黏性耦合器的四轮驱动系统的结构如图 18-4 所示。黏性耦合器位于传动轴和后桥主减速器之间，其作用是在前后轴出现转速差时，将来自变速器、差速器的驱动力传输给后桥。

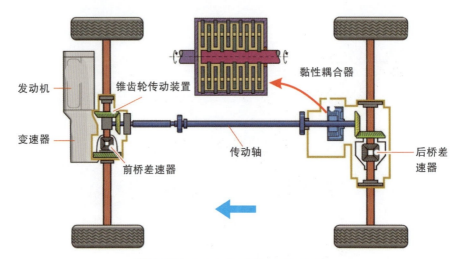

图 18-4　带黏性耦合器的四轮驱动系统

黏性耦合器属于一种液力耦合器，其结构如图 18-5 所示。内摩擦片和外摩擦片间充满了硅油，摩擦片彼此是不接触的，动力传递是通过硅油来实现的，可以在滑差率很小时传递很小的转矩。因此能补偿前桥和后桥的转速差。如果外摩擦片和内摩擦片之间的转速差增大，那么空槽处的硅油就会被剪切，进而生热，硅油会因此变得更黏稠，黏性耦合器能传递的转矩也会增大。

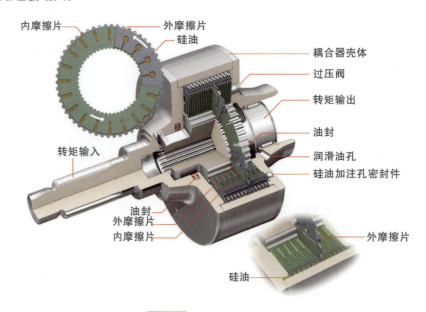

图 18-5　黏性耦合器的结构

4. 大众 4 MOTION 全时四轮驱动系统

大众 4 MOTION 全时四轮驱动系统采用了锥齿轮传动装置和 Haldex 离合器。与黏性耦合器相比，Haldex 离合器的优点在于传递的转矩可以根据行驶状况来调节。如图 18-6 所示，该全时四轮驱动系统的前轮采用传统方式驱动，即通过前桥上的差速器来驱动。后桥则通过一个与前桥差速器壳体用法兰联接的锥齿轮传动装置驱动。动力通过万向传动轴和 Haldex 离合器传递到后桥。

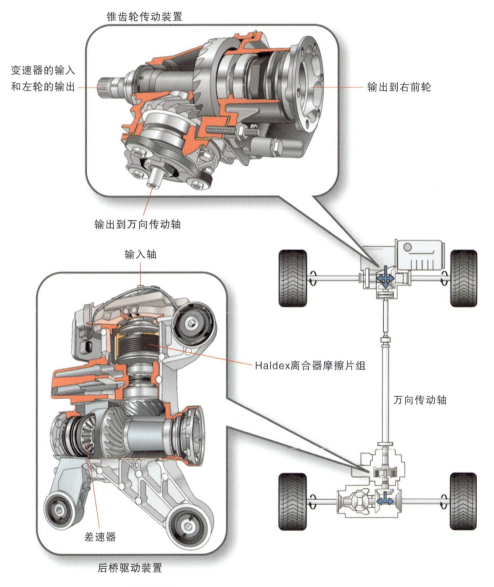

图 18-6 大众 4 MOTION 全时四轮驱动系统

第 5 代 Haldex 离合器集成在后桥驱动总成中，如图 18-7 所示。

图 18-7 集成第 5 代 Haldex 离合器的后桥驱动总成

第 5 代 Haldex 离合器的部件组成如图 18-8 所示。四轮驱动离合器泵 V181 是一个集成有离心力调节器的活塞泵。它生成并调节油压，受四轮驱动系统控制单元 J492 持续控制。调节后的系统压力施加给工作活塞，工作活塞以不同的压力压紧离合器摩擦片组。施加压力的大小决定了传递到后桥的转矩大小。

图 18-8 第 5 代 Haldex 离合器的部件组成

5. 宝马 xDrive 四轮驱动系统

宝马 xDrive 四轮驱动系统（图 18-9）是一种用于控制和调节前后桥转矩分配的系统。动态稳定控制系统（DSC）将测量值提供给 xDrive，然后利用可控的多片式离合器，xDrive 能解决驱动力和行驶性能之间的矛盾。

xDrive 根据分动器中的多片式离合器中的离合器锁止转矩和前后桥上可传输的转矩来分配转矩。

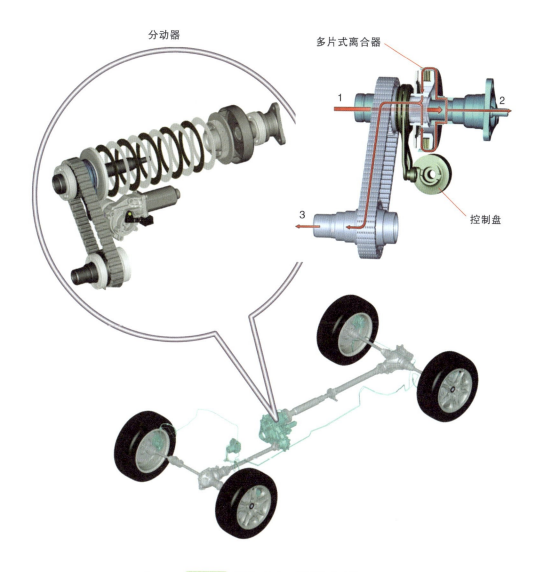

图 18-9 宝马 xDrive 四轮驱动系统

1—分动器的输入端
2—输出到后桥主减速器
3—输出到前驱动桥

xDrive 分动器的结构如图 18-10 所示。动力通过链条传输给前桥传动轴，并通过一个片式离合器按比例分配。当分动器中的多片式离合器分离时，转矩不会传输到前桥上，所有转矩都传输到后桥主减速器上。当多片式离合器完全闭合时，前桥和后桥以相同转速旋转。转矩是根据各驱动桥上可支持的转矩来分配的。

伺服电动机（图 18-11）为直流电动机，同时还装有一个霍尔传感器，用于测定电动机轴的位置和调整转速，且该位置与多片式离合器的闭合程度有关。当电动机运转时，控制盘将调整杆推开（图 18-12）。球面引起轴向运动，进而将多片式离合器压紧。

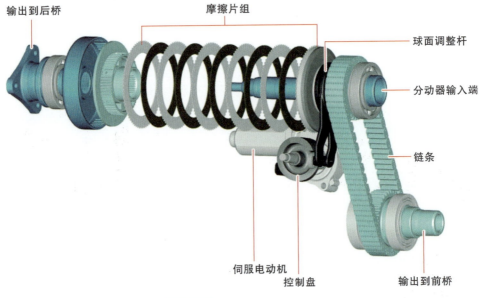

图 18-10　xDrive 分动器的结构

图 18-11　xDrive 伺服电动机

图 18-12　带球面和控制盘的调整杆

第19天 转向系统

1. 齿轮齿条式转向系统

汽车转向系统的功能就是按照驾驶人的意愿控制汽车的行驶方向。齿轮齿条式转向系统（图 19-1）是现代轿车采用最多的转向系统。

齿轮齿条式转向器（转向机）通过壳体两端的螺栓固定在副车架上。其基本结构是一对相互啮合的小齿轮和齿条。转向轴带动小齿轮旋转时，齿条便做直线运动。借助横拉杆推动或拉动转向节，使前轮实现转向。

图 19-1 齿轮齿条式转向系统的组成

转向系统的工作原理

转向盘与转向柱相连，因此当驾驶人转动转向盘时，转向柱便跟着转动。通过转向节和转向中间轴，转向力矩传递至转向器的输入轴。输入轴的转动被齿轮齿条式转向器转换为往复运动或直线运动，推动或拉动转向杆系及转向节，使转向轮（前轮）偏转一定角度。齿轮齿条式转向系统的工作原理如图19-2所示。

转向器是将旋转运动转化为直线运动（或近似直线运动）的一组齿轮齿条传动机构，同时起到减速增矩作用。

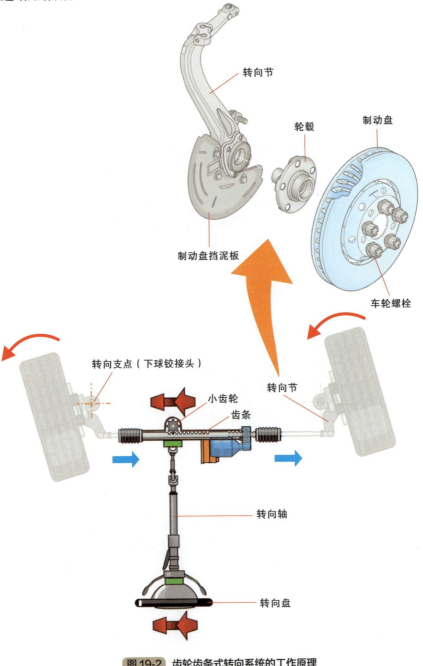

图19-2 齿轮齿条式转向系统的工作原理

2. 转向管柱

转向柱总成的结构如图 19-3 所示。可调式转向柱能调节转向柱的倾斜度和伸缩量（即转向盘高度），方便驾驶人调节至合适的驾驶姿势。一旦发生撞击，转向盘、转向管柱和防撞管会一起偏向仪表板。此时，防撞管会挤压转向管柱，并通过溃缩机构吸收碰撞能量，保护驾驶人。

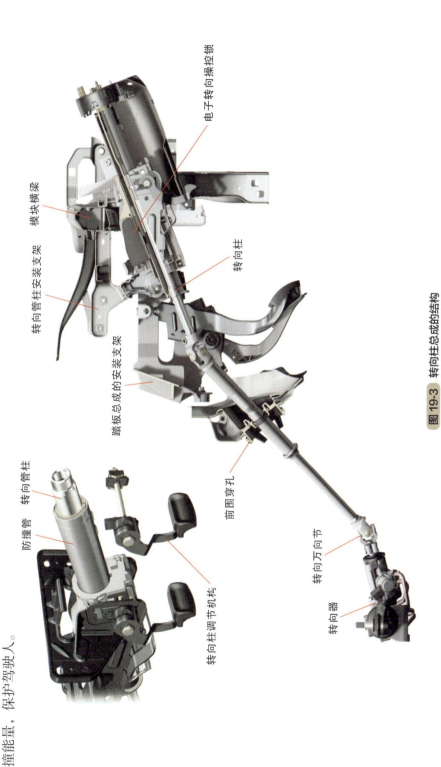

图 19-3 转向柱总成的结构

如图 19-4 所示，转向柱的支架靠两个螺栓固定在模块横梁上，而转向柱安装支架用螺栓安装在模块横梁上，同时转向柱的支架也用螺栓固定在安装支架上。

因此，转向柱的两个安装点相距较远，具有较宽的基部空间，有利于保持转向柱的稳定。

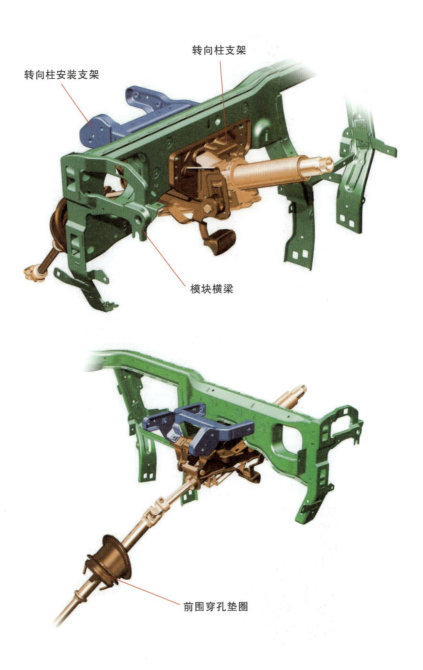

图 19-4　转向柱的安装方式

3. 液压助力转向系统

液压助力转向系统使转向操纵更加灵活、轻便，而且能吸收来自不平路面的冲击。齿轮齿条式液压助力转向系统的结构如图 19-5 所示。

液压助力转向系统的特点在于通过发动机的传动带或电气方式驱动转向助力泵。从转向助力泵输出的转向油流向转向阀，转向阀控制油压并改变流向。转向油被引向转向机相应一侧的液压缸，并在此产生齿轮齿条驱动力。

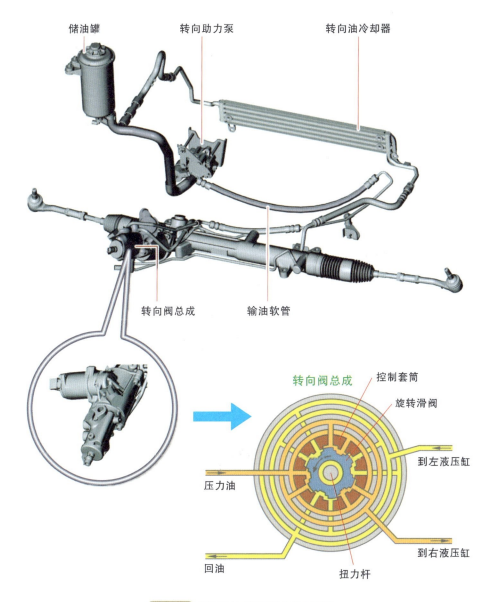

图 19-5　齿轮齿条式液压助力转向系统

电控液压助力转向系统（EPHS）的组成如图 19-6 所示。该系统克服了传统液压助力转向系统的缺点，它所采用的转向助力泵不再靠发动机传动带驱动，而是采用电动机来驱动。电子控制单元根据车辆的行驶速度、转向角速度来调节电动机的转速和由此产生的转向油流量，使转向助力力矩连续可调，从而满足高、低速时的转向助力力矩要求。

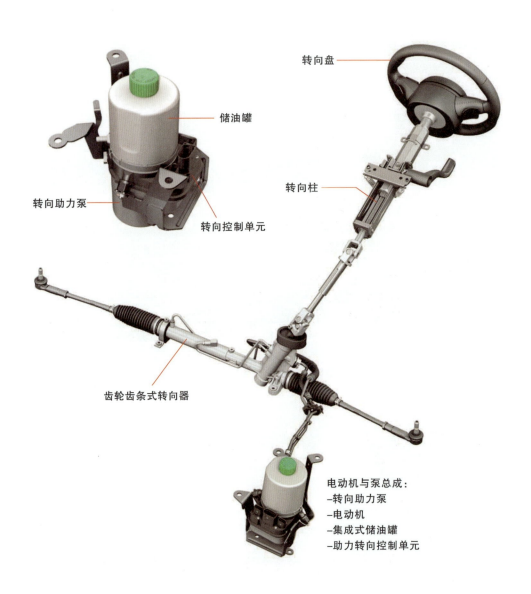

图 19-6 电控液压助力转向系统

4. 电动助力转向系统（EPS）

电动助力转向系统（图 19-7）通过电动机产生转向助力力矩，并将力矩施加到转向柱或转向器上。因此该系统通常还需要附加的齿轮传动机构来连接电动机和现有的转向组件。

汽车转向时，转矩传感器检测转向盘的力矩和转动方向，将这些信号输送到电控单元。电控单元根据转向盘的力矩、转动方向和车速等数据向电动机发出指令信号，使电动机输出相应大小及方向的力矩以产生转向辅助力。

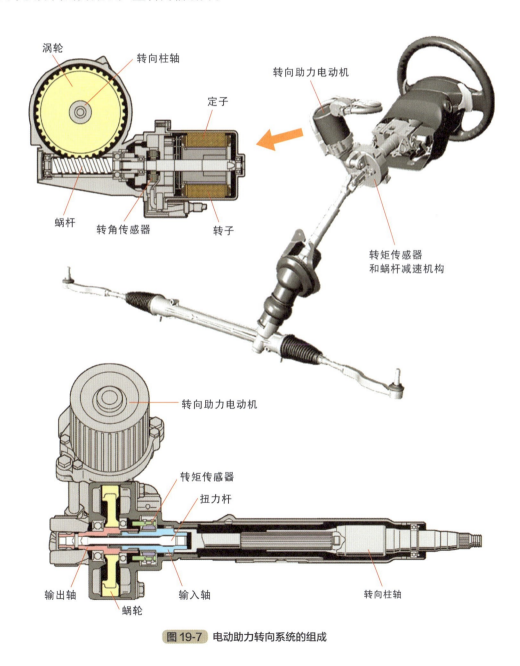

图 19-7 电动助力转向系统的组成

奥迪 A3 轿车的电动助力转向系统如图 19-8 所示。驾驶人转动转向盘，转矩通过转向柱和转向齿轮传递到转向杆系。

转向助力电动机由助力转向控制单元来控制。该控制单元控制电动机通过减速齿轮在转向齿条上施加轴向力。动力辅助的水平取决于施加到转向盘上的力矩、车辆速度和转向盘角度。

配备自动驻车系统的车辆，借助转向助力电动机可进行自动转向。

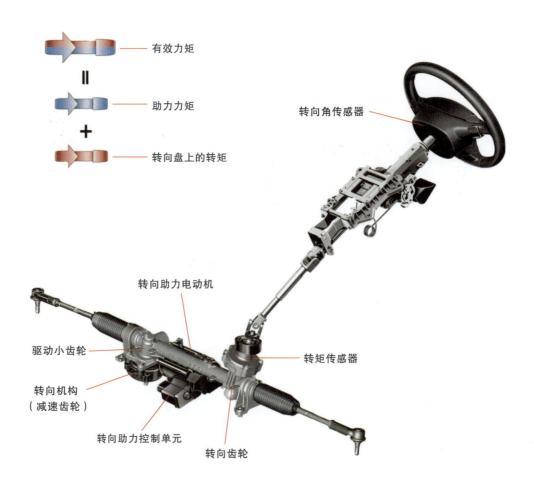

图 19-8　奥迪 A3 轿车的电动助力转向系统

第20天 行驶系统

1. 概述

行驶系统的作用是将车身、动力总成、传动系统与悬架等连接成一个整体,支撑整车,使汽车平顺行驶。如图20-1所示。行驶系统由车架、车桥、车轮和悬架等部件组成。

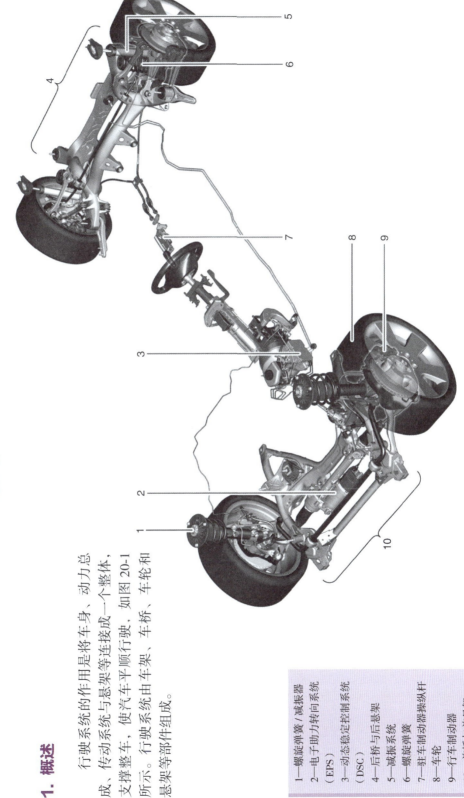

图 20-1 汽车行驶系统的组成

1—螺旋弹簧/减振器
2—电子助力转向系统(EPS)
3—动态稳定控制系统(DSC)
4—后桥与后悬架
5—减振系统
6—螺旋弹簧
7—驻车制动器操纵杆
8—车轮
9—行车制动器
10—前桥与前悬架

大众途锐的双横臂前悬架结构如图 20-2 所示。

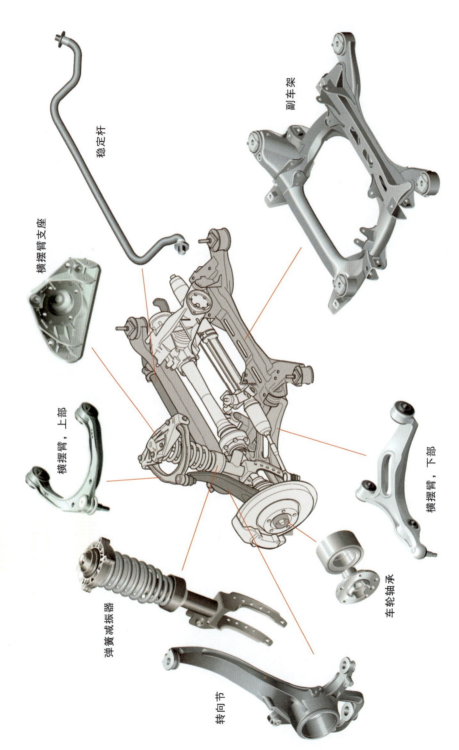

图 20-2 大众途锐的双横臂前悬架

大众途锐的双横臂后悬架结构如图 20-3 所示，其上部横摆臂分为两部分。

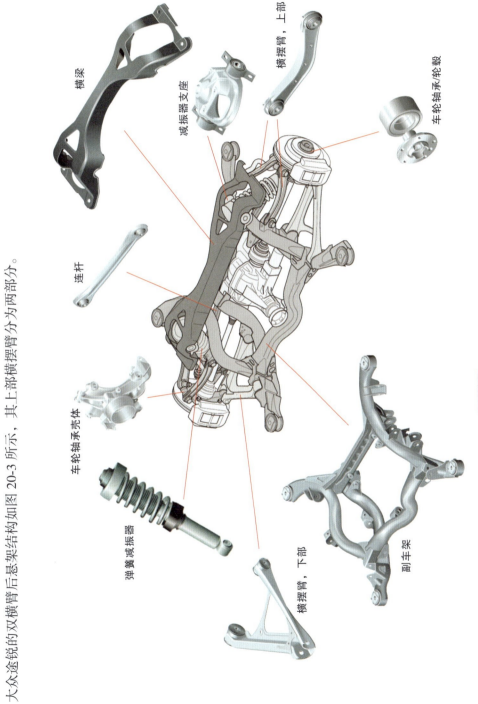

图 20-3　大众途锐的双横臂后悬架

2. 独立悬架与非独立悬架

独立悬架指两侧车轮单独通过弹性悬架悬挂在车架或车身下，能独立上下运动互不影响。非独立悬架的结构特点是两侧车轮由整体式车桥相连，车轮连同车桥一起悬挂在车架或车身下。图 20-4 所示为麦弗逊式独立前悬架，图 20-5 所示为扭杆梁式非独立后悬架。

图 20-4 麦弗逊式独立前悬架

图 20-5 扭杆梁式非独立后悬架

3. 副车架

副车架又称车桥支架，通常采用钢质管架结构。它用于固定横摆臂、稳定杆、横拉杆、转向器（前副车架）和后驱动桥（后副车架）。

对于前副车架（图 20-6），发动机/变速器支架通过副车架上的连接件与副车架固定在一起，副车架再通过螺栓固定在车身上。转向器也位于副车架上，使转向力可以更直接传递到车轮上，转向反应的灵敏度也因此提高。

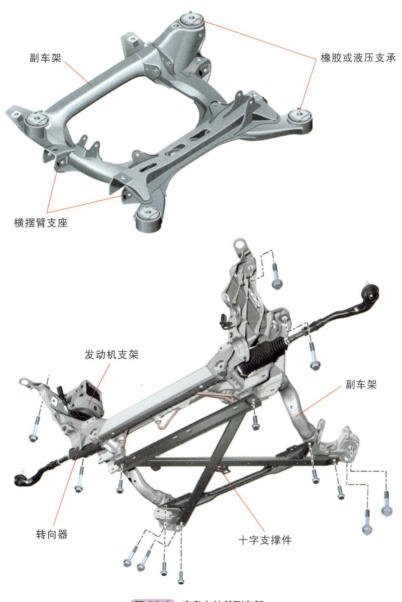

图 20-6 底盘上的前副车架

4. 弹簧和减振器

弹簧和减振器是悬架的重要组成部分。弹簧用来承受和传递垂直载荷，减小路面的冲击。减振器加快振动的衰减，限制车身和车轮的振动。

奥迪 A5 的前悬架弹簧与减振器如图 20-7 所示。铸铁减振叉用于保证摆动半轴能自由转动。减振器与减振叉之间通过螺钉卡箍连接，减振叉固定在支撑臂上。

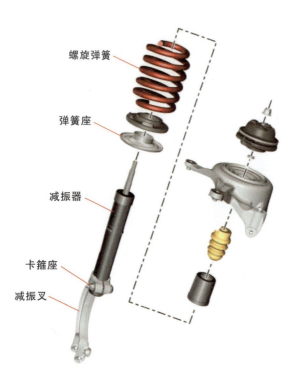

图 20-7 奥迪 A5 的前悬架弹簧与减振器

5. 转向节、车轮轴承与轮毂

奥迪 A5 的摆动支承（转向节）、车轮轴承与轮毂如图 20-8 所示。摆动支承为铝质，其上安装有车轮轴承。因为转向器位于底部，所以转向横拉杆的安装位置更低。

转向横拉杆的万向节（球头节）安装在转向拉杆的锥形座上。主销将支撑臂与摆动支承连接在一起。主销是独立零件，它与摆动支承通过螺钉卡箍固定在一起。

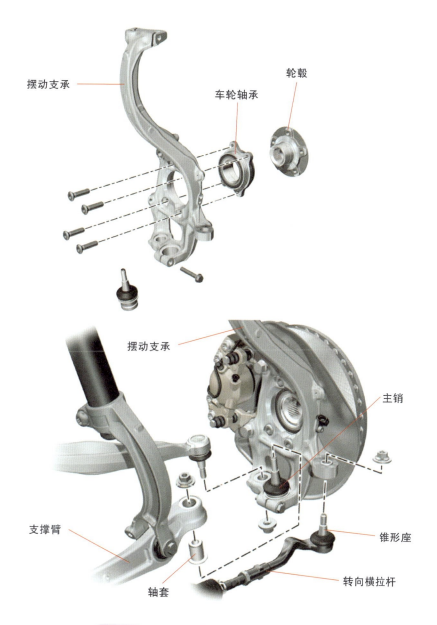

图 20-8 奥迪 A5 的摆动支承、车轮轴承与轮毂

6. 导向装置

悬架的导向装置（纵向拉杆、横向摆臂）用来传递纵向力、侧向力，并保证车轮相对于车身有正确的运动关系。如图 20-9 所示，奥迪 A5 的下摆臂（支撑臂和导向臂）均为铝质，导向臂安装在车桥支架的大号液压导向支承上。

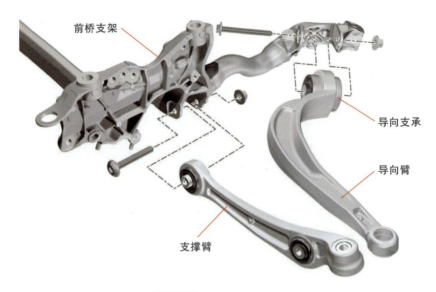

图 20-9　奥迪 A5 的下摆臂

如图 20-10 所示，奥迪 A5 的支撑座上固定有上摆臂，并通过 4 枚螺栓固定在车身上。

连接摆臂与支架的螺栓是从内部插入的，这样设计的目的是可以自由拆装独立摆臂，无需拆卸整个支撑座。

上摆臂通常比下摆臂短。当车轮上下运动时，上摆臂比下摆臂运动弧度小，可使车轮和主销的角度及轮距基本不变，从而使轮胎上部轻微地内外移动，而底部影响很小。这种结构有利于减小轮胎磨损，提高汽车行驶平顺性和方向稳定性。

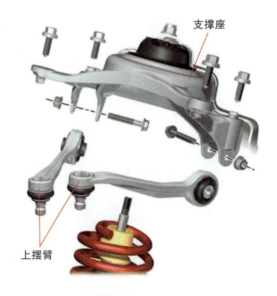

图 20-10　奥迪 A5 的上摆臂

7. 稳定杆

在前桥的独立悬架上通常设置有稳定杆，用来提高悬架的横向刚度，减小车身侧倾角。当汽车两侧的悬架跳动量不一致时，稳定杆就会发生扭曲，杆身的弹力会阻止车轮抬起，从而使车身尽量保持平衡。

如图 20-11 所示，管状稳定杆通过连接杆与减振叉连接在一起，安装在前桥支架位置的橡胶轴承内。将稳定杆安装在底盘的远端可保证最佳的反应灵敏度。

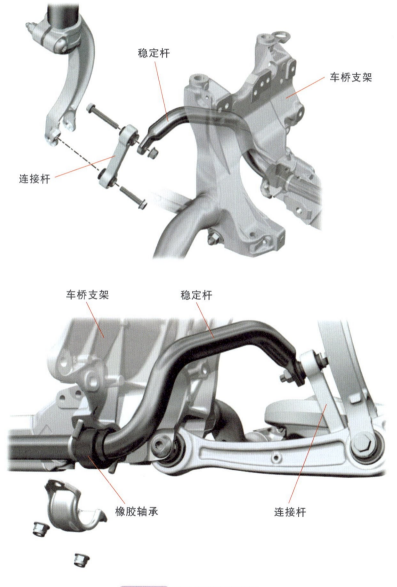

图 20-11 稳定杆的安装位置

8. 车轮与轮胎

车轮和轮胎的作用是支撑整车的重量,缓冲来自路面的冲击力。轮胎装在轮辋上,为汽车提供附着性能。轮胎是汽车与路面的唯一接触部件,用来传递加速、制动与转向力。车轮和轮胎(子午线轮胎)的结构如图20-12所示。

图20-12 车轮和轮胎(子午线轮胎)的结构

1—轮胎
2—轮胎气门嘴
3—轮辋
4—车轮螺栓
5—平衡重
6—快速夹紧装置销孔

第21天 减振器与空气弹簧

1. 单筒式充气减振器

单筒式充气减振器（图21-1）的工作腔和储油腔处在一个液压缸内。因活塞杆及液压油温度变化而引起的容积变化由一个单独的气室来补偿。

压缩阶段：液压油经集成在活塞上的阻尼阀被从下腔压出，该阀会对液压油施加一定的阻力。于是气室压缩，压缩量就是插入活塞杆的容积。

回弹阶段：液压油经集成在活塞上的进油阀从上腔压出，该阀会对液压油施加一定的阻力。于是气室膨胀，膨胀量就是浮出活塞杆的容积。

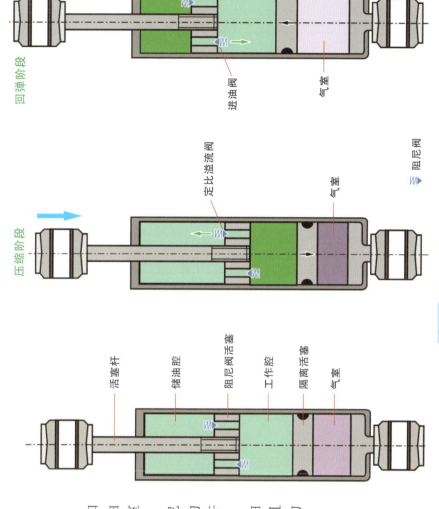

图21-1 单筒式充气减振器的结构与工作原理

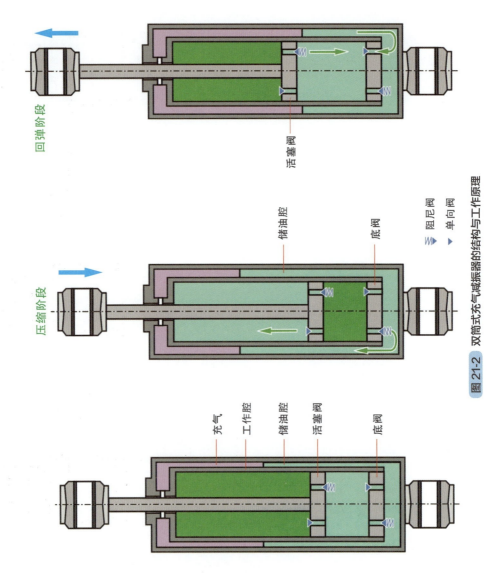

图 21-2 双筒式充气减振器的结构与工作原理

2. 双筒式充气减振器

双筒式充气减振器（图 21-2）是广泛应用在汽车上的标准减振器。在双筒式充气减振器上，工作腔和壳体构成了两个腔。工作腔内充满了液压油，活塞和活塞杆就在工作腔内运动。工作腔和壳体之间有环形的储油腔，该腔用于补偿因活塞杆及液压油温度变化而产生的容积变化。

压缩阶段： 活塞杆挤出的液压油流入储油腔，底阀对液压油施加一定的阻力，使其流动速度降低。

回弹阶段： 活塞阀单独承担减振作用，对向下流动的液压油施加一定的阻力。工作腔内所需要的液压油可通过底阀上的单向阀毫无阻力地回流。

3. 空气弹簧系统

空气弹簧是一种可调节的车用减振装置。水平调节机构通过调节空气弹簧的压力,将车身保持在某一高度。奥迪A6的空气弹簧系统如图21-3所示。系统共有4个水平传感器,它们用于感知车身的水平状况。每个空气弹簧都配有一个空气弹簧阀(横向截止阀),以便单独调节车身一角。

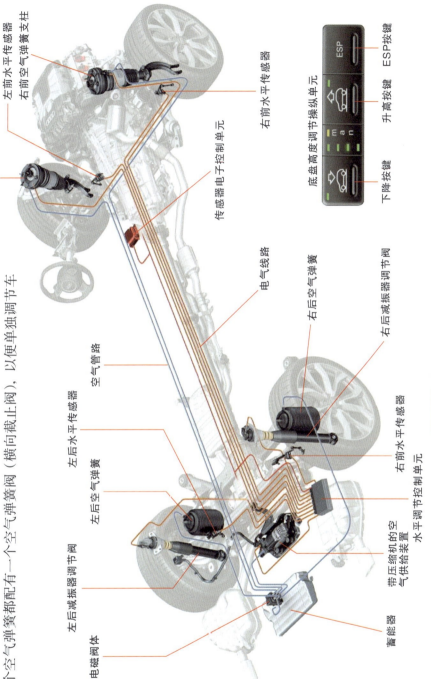

图21-3 奥迪A6的空气弹簧系统

在轿车上使用带有管状气囊的空气弹簧来作弹性元件，其结构如图 21-4 所示。这种空气弹簧的特点是占用空间小、弹簧行程大。

优质弹性材料和尼龙制成的织物芯层（高强度支架）使管状气囊具有良好的开卷特性和灵敏性。空气弹簧工作时，管状气囊在活塞上展开。上端盖和活塞之间的管状气囊由金属张紧环来夹紧，这个张紧环是用机械压紧的。后悬架上单独布置的空气弹簧如图 21-5 所示。

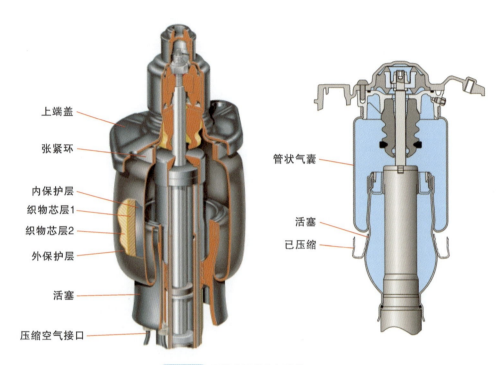

图 21-4 同轴布置的空气弹簧

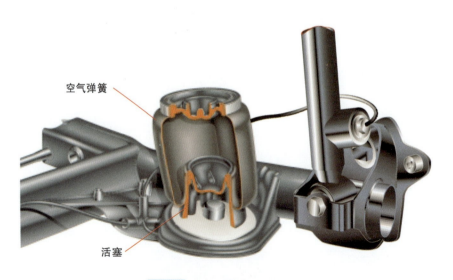

图 21-5 单独布置的空气弹簧

4. PDC 减振器

PDC（气动减振控制）减振器的功能是在部分负荷时，使车辆具备良好的驾乘舒适性，而在全负荷时又可保证车身获得足够的减振刚度。

这种减振器的阻尼力可根据空气弹簧压力来改变。

PDC 减振器的结构如图 21-6 所示。PDC 阀会影响活塞杆一侧工作腔（工作腔 1）的液压油流动阻力，工作腔 1 通过一个孔与 PDC 阀相连。

当空气弹簧压力较小时（空载或很小负荷），PDC 阀所形成的液压油流动阻力也小，因此一部分液压油会流过阻尼阀，使阻尼力减小。

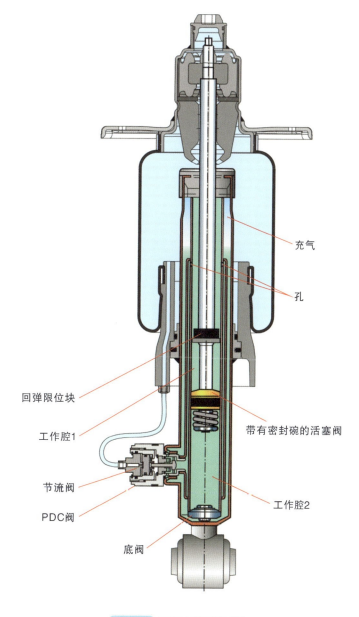

图 21-6　PDC 减振器的结构

PDC 减振器在伸长过程中的工作原理如图 21-7 所示。

空气弹簧压力较小时的伸长过程

活塞受拉力向上运动，一部分液压油流过活塞阀，另一部分液压油通过工作腔 1 内的孔流往 PDC 阀。

由于控制压力（空气弹簧压力）及液压油流过 PDC 阀的阻力变小了，减振力（阻尼力）也减小。

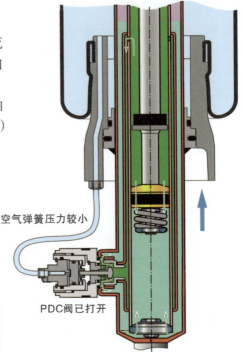

空气弹簧压力较小

PDC 阀已打开

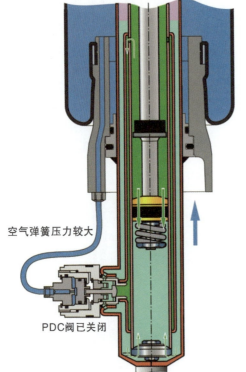

空气弹簧压力较大

PDC 阀已关闭

空气弹簧压力较大时的伸长过程

由于控制压力（空气弹簧压力）及液压油流过 PDC 阀的阻力增大，大部分液压油（取决于控制压力）必须流过活塞阀，减振力（阻尼力）增大。

图 21-7　PDC 减振器伸长过程的工作原理

PDC 减振器在压缩过程中的工作原理如图 21-8 所示。

空气弹簧压力较小时的压缩过程

活塞受压力向下运动，阻尼力由底阀和（在一定程度上）液压油流过该阀的阻力所决定。活塞杆压出的液压油一部分经底阀流入储油腔，另一部分经工作腔 1 内的孔流向 PDC 阀。

由于控制压力（空气弹簧压力）及液压油流过 PDC 阀的阻力变小，减振力（阻尼力）也减小。

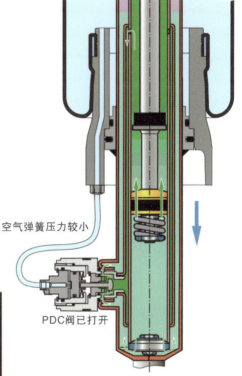

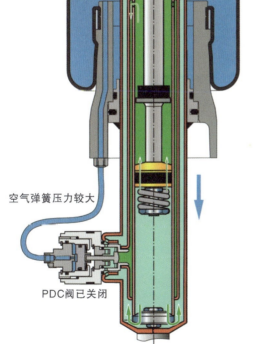

空气弹簧压力较大时的压缩过程

由于控制压力（空气弹簧压力）及液压油流过 PDC 阀的阻力增大，大部分液压油（取决于控制压力）必须流过底阀，减振力（阻尼力）增大。

图 21-8　PDC 减振器压缩过程的工作原理

第22天 前悬架

1. 麦弗逊式前悬架

麦弗逊式前悬架以减振器作滑动支柱,并与下控制臂构成独立悬架,通常还会加装横向稳定杆来抑制车身侧倾。

与其他悬架相比,麦弗逊式悬架具有结构简单、性能好、布置紧凑、占用空间小等特点。因此对布置空间要求较高的发动机前置前驱动汽车几乎全部采用了麦弗逊式前悬架。麦弗逊式前悬架的结构如图22-1所示。

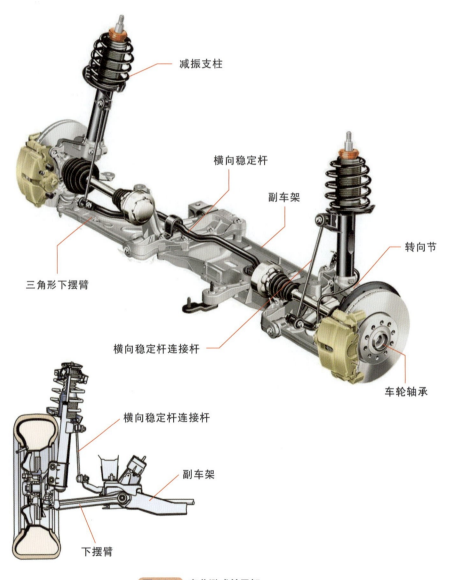

图22-1 麦弗逊式前悬架

2. 双横臂式前悬架

横臂式悬架指车轮在汽车横向平面内摆动的独立悬架,双横臂式悬架指有两根横臂的悬架。宝马 E70(X5)的双横臂式前悬架结构如图 22-2 所示。

双横臂式独立悬架的减振器不受横向载荷,而且上端高度较低,有利于降低车头的高度,优化车身造型。这种悬架具有很好的操纵稳定性和舒适性。

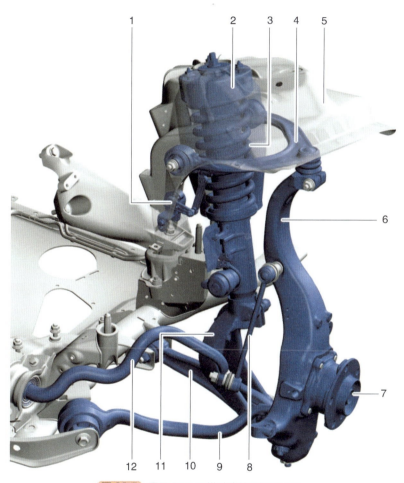

图 22-2 宝马 E70 双横臂式前悬架的结构

1—车身高度传感器
2—支撑座
3—弹簧减振支柱
4—上部三角横摆臂
5—弹簧减振支柱支承
6—摆动支座
7—车轮轴承
8—横向稳定杆连杆
9—拉杆及液压支座
10—下部横摆臂
11—弹簧减振支柱叉
12—横向稳定杆

宝马 F18（5 系）双横臂式前悬架的结构如图 22-3 所示。

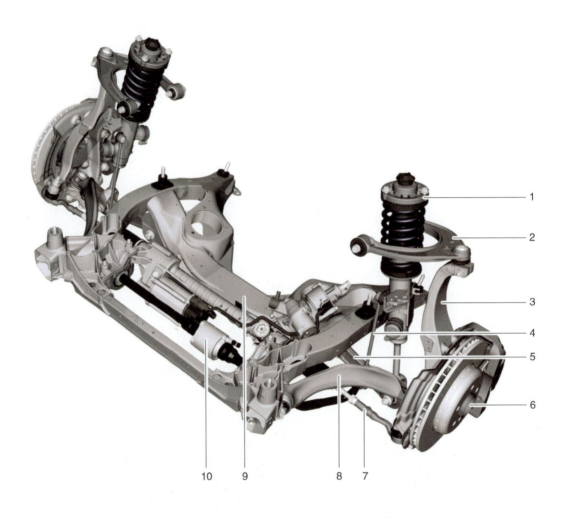

图 22-3　宝马 F18 双横臂式前悬架的结构

1—弹簧减振支柱
2—上部横摆臂
3—摆动支座
4—横向稳定杆连杆
5—下部横摆臂
6—轮毂
7—转向横拉杆
8—拉杆及液压支座
9—前桥托架
10—带液压摆动电动机的稳定杆

3. 四连杆式前悬架

四连杆式前悬架是一种多连杆式独立悬架。多连杆悬架的优点是车辆加速、制动时的平顺性和舒适性较好,直线行驶稳定,操控性较好。与双横臂式悬架一样,多连杆悬架需要占用较大的空间。

奥迪 A8 四连杆式前悬架的结构如图 22-4 所示。它采用了空气弹簧与电子控制式减振器。

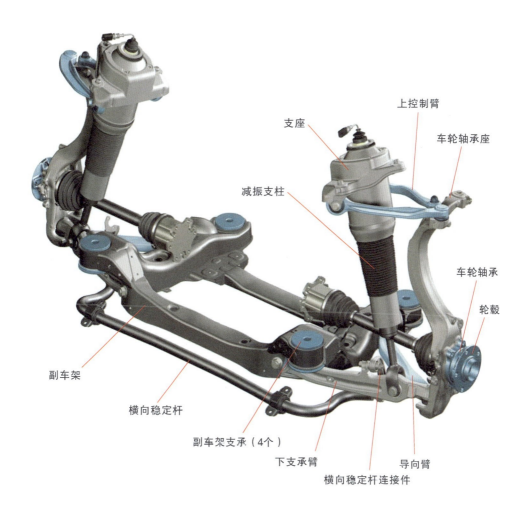

图 22-4 奥迪 A8 四连杆式前悬架的结构

4. 带拉杆的双铰接弹簧减振支柱前悬架

宝马汽车采用的带拉杆的双铰接弹簧减振支柱前悬架（图 22-5）将行驶动力性和舒适性完美融合。由于双铰接弹簧减振支柱前悬架的安装空间较小，可在改善噪声特性并实现最大刚度的同时提高行驶舒适性。

该前悬架上需承受较大载荷的部件由锻造钢件制成，其中包括横向摆臂、拉杆和摆动支承（转向节）。前桥架梁（副车架）由高强度钢管制成，架梁上装有一个推力缓冲板（加强板）。推力缓冲板主要用于提高车桥运动精度和车辆前部的刚度。

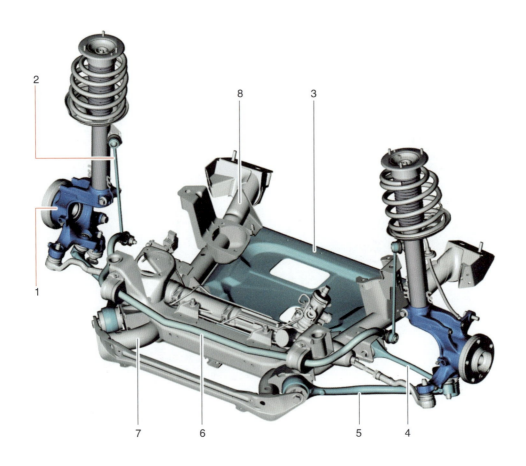

图 22-5　带拉杆的双铰接弹簧减振支柱前悬架

1—摆动支承
2—横向稳定杆的支撑杆
3—推力缓冲板（加强板）
4—横向摆臂
5—拉杆
6—横向稳定杆
7—前桥架梁
8—碎石防护板（卡入式）

第23天 后悬架

1. 钢板弹簧式非独立悬架

钢板弹簧是载客、载货汽车的悬架中应用最广泛的一种弹性元件,它是由若干片等宽但不等长的合金弹簧片组合而成的近似等强度的弹性梁。钢板弹簧式非独立悬架的结构如图 23-1 所示。

钢板弹簧的第一片(最长)称为主片,其两端弯成卷耳,内装青铜或塑料或橡胶制成的衬套,用弹簧销与固定在车架上的支架或吊耳作铰链连接。钢板弹簧的中间段用 U 形螺栓与车桥固定。钢板弹簧在载荷作用下变形,各片之间因相对滑动而产生摩擦,可促使车架的振动衰减。

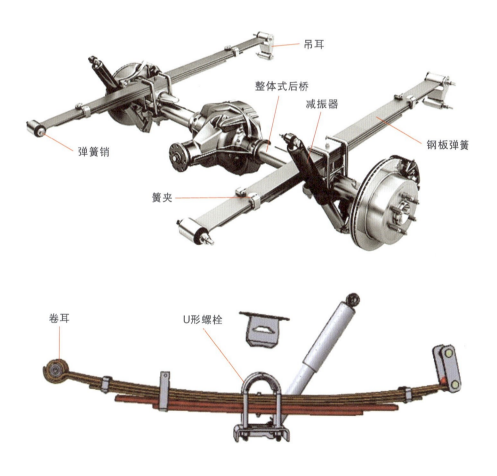

图 23-1 钢板弹簧式非独立悬架

2. 扭杆梁式和纵摆臂式后悬架

扭杆梁式悬架（图 23-2）和纵摆臂式悬架（图 23-3）都是非独立悬架，它们通过采用一根 U 形梁或高强度扭力管来构成扭杆区域。这种悬架无需使用横向稳定杆。车桥导向轴承在车辆横向位置上的设计刚性非常高，能迅速产生侧向力。

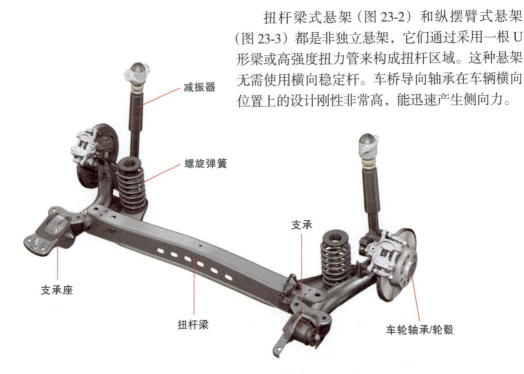

图 23-2 扭杆梁式后悬架

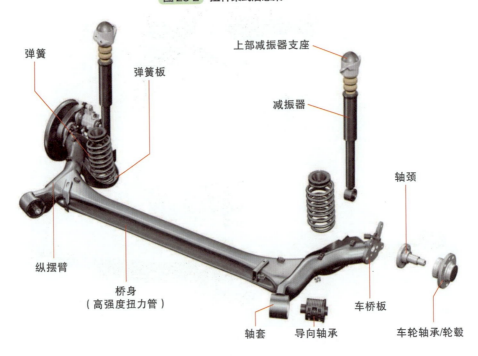

图 23-3 纵摆臂式后悬架

3. 梯形连杆式后悬架

梯形连杆式后悬架的结构如图 23-4 所示。这种悬架的减振支柱直接支承在车轮支座上，减振器的响应较灵敏。所有用于车轮导向的部件都采用铝质轻结构形式。通过对车桥运动结构的精心布置，在驱动和制动时几乎感觉不到垂直方向的运动。这种结构使汽车的后部形成深且完全水平的载货地板，同时还能保有较大的燃油箱。

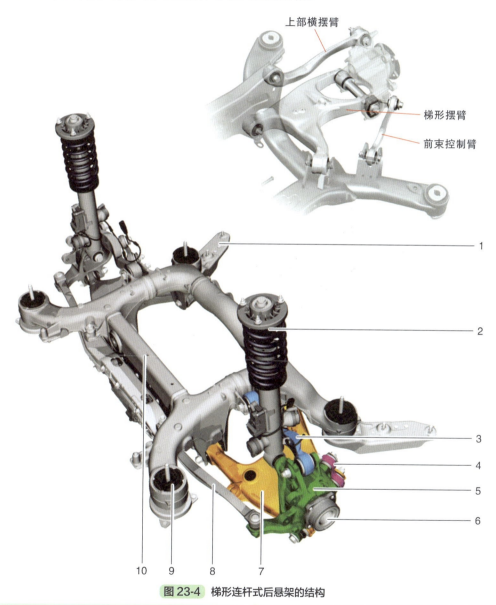

图 23-4 梯形连杆式后悬架的结构

1—推力杆
2—弹簧减振支柱
3—上部横摆臂
4—整体式摆臂
5—车轮支座
6—车轮轴承
7—梯形摆臂（控制臂）
8—前束控制臂
9—后桥橡胶支座
10—后桥托架

4. 四连杆式后悬架

不论四轮驱动还是前轮驱动，均可采用四连杆式后悬架。如图 23-5 所示，这种四连杆悬架的减振器不铰接在车轮支架上，而是铰接在悬架臂上。横向稳定杆同样与悬架臂相连，这种设计减小了横向稳定杆的长度和重量。

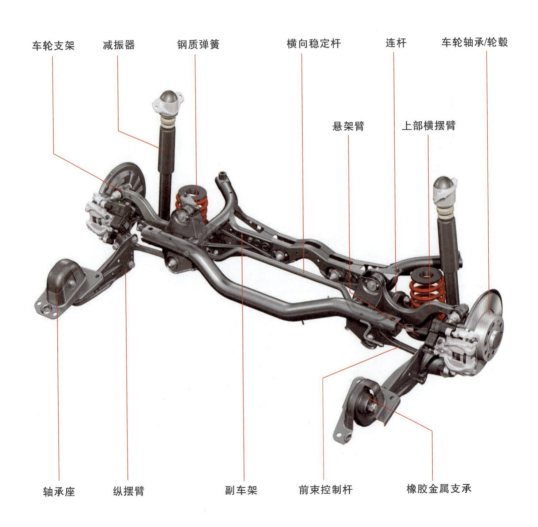

图 23-5 四连杆式后悬架

5. 五连杆式后悬架

五连杆后悬架包含 5 根连杆，分别为主控制臂、前置定位臂、后置定位臂、上臂和下臂。它们分别在各方向产生作用力。宝马五连杆后悬架的结构如图 23-6 所示。

五连杆后悬架能获得最佳主销后倾角，大幅减小来自路面的前后方向力，从而改善加速和制动时的平顺性和舒适性。经过调整的弹性运动机构可在所有行驶情况下确保高效精准的车轮导向性，保证了直线行驶的稳定性。同时，紧凑的结构增加了后排座椅和行李箱的布置空间。

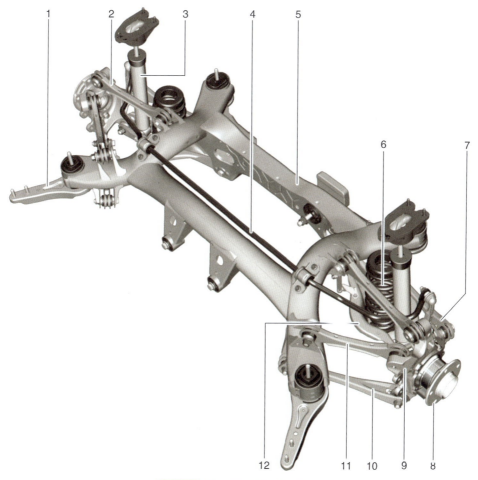

图 23-6　宝马五连杆后悬架系统

1—推力杆	7—前束控制臂
2—横摆臂	8—轮毂
3—减振系统	9—车轮托架
4—横向稳定杆	10—纵摆臂
5—后桥托架	11—导向臂
6—弹簧	12—外倾控制臂

第24天 制动系统

1. 概述

汽车的制动系统主要包括行车制动系统和驻车制动两部分。行车制动系统的作用是使行驶中的汽车在最短时间内减速或停车，驻车制动系统的作用是使已停驶的汽车驻留原地不溜车。汽车制动系统的组成如图24-1所示。

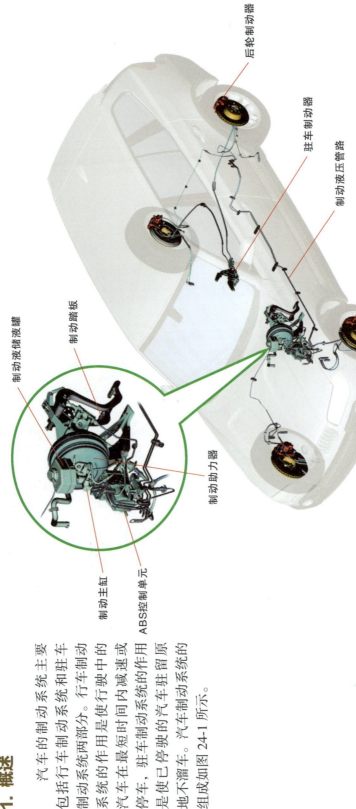

图24-1 汽车制动系统的组成

如图 24-2 所示，当驾驶人踩下制动踏板时，在杠杆作用下，顶杆被推入真空助力器。真空助力器利用真空给顶杆提供助力并将这一力传递给制动主缸，由此在制动主缸中产生液压力，这一压力由制动液通过制动管路传递到各车轮制动器总成。车轮制动器总成利用这一压力将摩擦元件（制动摩擦片或制动蹄）压到与车轮一起旋转的部件（制动盘或制动鼓）上，从而使车轮的转速降低或停止转动。

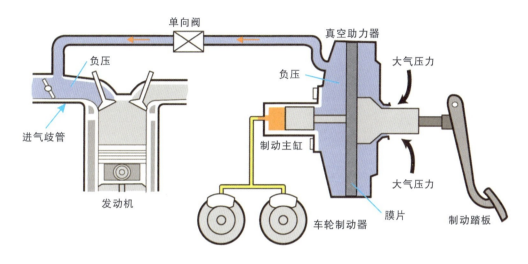

图 24-2 制动系统的工作原理

踩下制动踏板时，制动主缸中产生的液压力通过制动管路传递给各制动轮缸，进而驱动制动摩擦片（或制动蹄）压向制动盘（鼓）。

如图 24-3 所示，制动主缸是一个作用面积较小（直径小）的液压缸，而制动钳上的制动轮缸直径则大得多。根据帕斯卡定律，主缸和轮缸中的制动液压强是相等的，受力面积越大，则产生的压力越大（压力＝压强×受力面积）。因此，驾驶人施加的踏板力就可以在制动盘上产生很大的制动力。

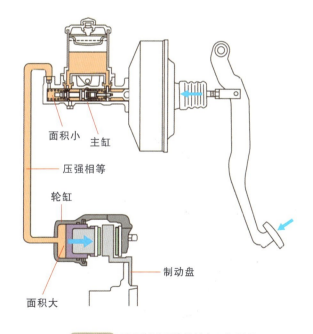

图 24-3 液压制动系统的基本工作原理

2. 盘式制动器

盘式制动器分为定钳式和浮钳式两种。浮钳式是仅在制动钳的一侧附着活塞。推动制动摩擦片时，制动钳向与活塞相反方向滑入，并从两侧推动制动摩擦片压向制动盘，使车轮停止旋转。浮钳式制动器的结构与工作原理如图24-4所示。

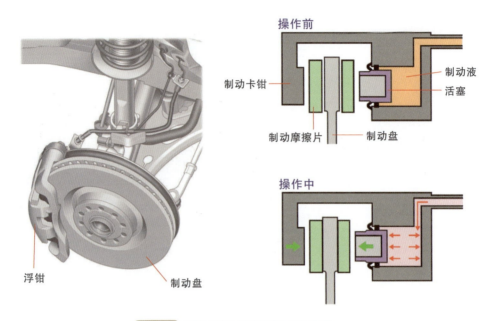

图24-4 浮钳式制动器的结构与工作原理

盘式制动器的制动盘分为实心型和通风型，通风盘（图24-5）比实心盘散热性更好，制动器不容易过热，缓解了制动器的热衰退现象。

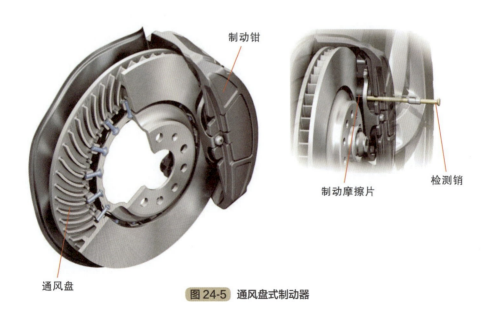

图24-5 通风盘式制动器

制动系统 **第24天**

3. 鼓式制动器

有些汽车的后轮会采用鼓式制动器，其结构如图24-6所示。鼓式制动器的旋转元件是制动鼓。制动时，制动蹄在制动轮缸产生的液压力的作用下向外扩张，外表面的摩擦片压靠到制动鼓的内表面上，对制动鼓施加制动摩擦力矩。松开制动踏板时，轮缸上的液压力消失，回位弹簧拉动制动蹄离开制动鼓返回到原位。除此之外，后轮鼓式制动器上通常装有驻车制动机构。

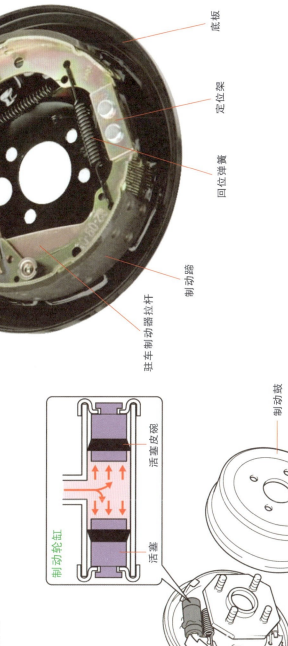

图 24-6 鼓式制动器的结构

4. 驻车制动系统

驻车制动器可在各种坡路上使汽车稳稳停住。驻车制动操纵机构的结构如图 24-7 所示。支撑座固定连接有一个轮齿部分。在中间位置上，棘爪与轮齿部分啮合在一起并锁定驻车制动手柄。按下解锁按钮后，棘爪从轮齿部分中脱出，使驻车制动手柄可以移动。

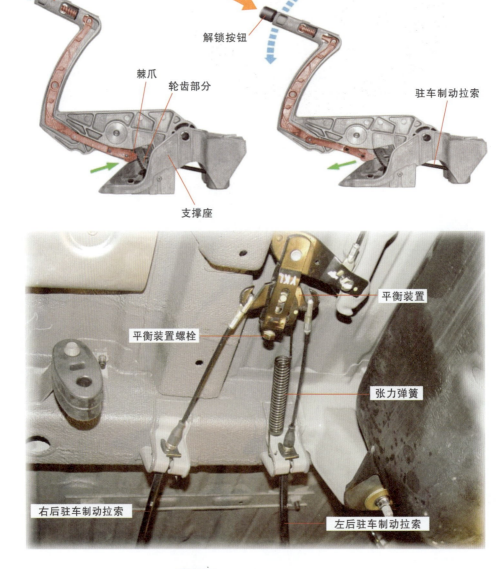

图 24-7 驻车制动操纵机构

脚踏式驻车制动器（图24-8）的驻车制动踏板位于驾驶室内。操作驻车制动踏板时，所施加的力通过一根拉索传递到拉杆上。制动拉索拉紧并因此带动膨胀销拉杆，制动蹄通过膨胀销彼此压开并压到制动鼓内侧，进而使车轮被锁定。用于释放脚踏式驻车制动器的开锁手柄和拉索通常集成在仪表板内。

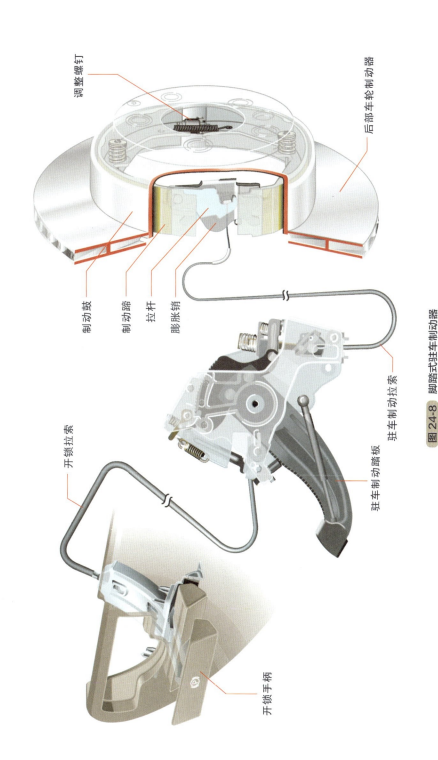

图24-8 脚踏式驻车制动器

带驻车制动功能的后轮盘式制动器将液压行车制动器与手动驻车制动器合为一体。为实现手动操纵驻车制动器，制动卡钳总成中还有一个带输入轴的操作杆。施加驻车制动时，操作杆上的力通过输入轴和可调节的推杆作用于活塞。推杆和螺母克服弹簧垫圈的压力，通过活塞将内侧的制动摩擦片压靠在制动盘上。同时，另一个制动摩擦片也被滑动的活塞壳体压靠在制动盘上，进而实现驻车制动。盘式驻车制动器结构和工作原理如图 24-9 所示。

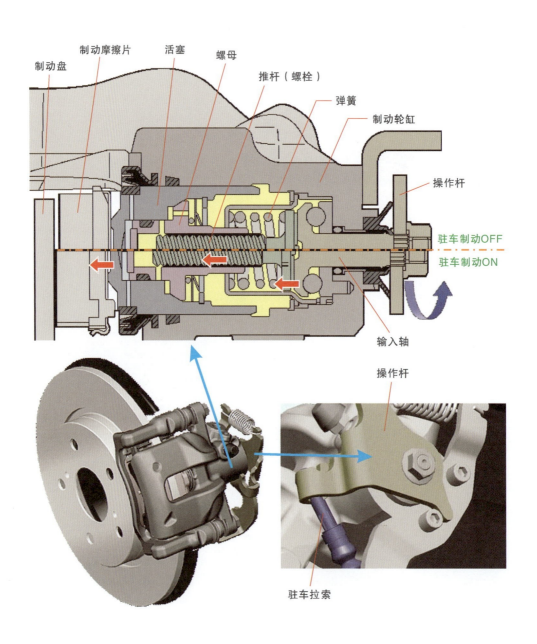

图 24-9 盘式驻车制动器结构和工作原理

第 25 天　制动控制系统（ABS/ESP）

1. ABS 系统概述

ABS（防抱死制动系统）是所有现代车辆安全系统的核心装置。在恶劣路况及紧急状况下，例如路面湿滑，或驾驶人需要对路障做出快速反应时，车轮可能在制动后抱死，导致车辆失控。ABS 能在早期识别一个或多个车轮的抱死趋势，然后快速减小相关车轮的制动压力。这能确保驾驶人在执行紧急制动后也能规避障碍物并放慢车速，安全迅速地停车。ABS 系统的结构如图 25-1 所示。

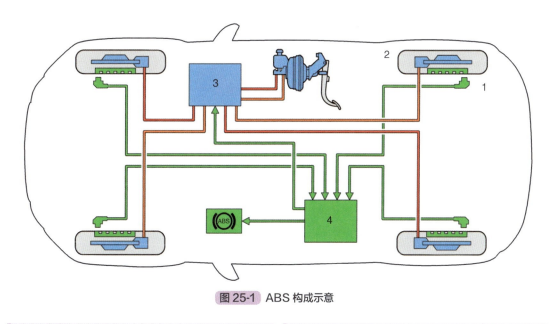

图 25-1　ABS 构成示意

1—车轮转速传感器
2—制动卡钳
3—ABS 液压调节器
4—ABS 控制模块

2. ABS 的工作原理

车轮转速传感器的作用是监测车轮的线速度，并将信号发送给 ABS 控制模块。ABS 控制模块接收、过滤并放大车轮转速传感器信号，并据此计算制动器打滑和单个车轮的加速或减速情况。ABS 控制器的逻辑电路将控制信号发送给液压调节器，然后通过电磁阀调节制动卡钳压力以实现最优制动。

ABS 在压力积蓄阶段的工作原理如图 25-2 所示。电磁阀未通电时，制动主缸和制动卡钳间的端口通道会保持畅通。在常规制动或 ABS 启用时的合适阶段可使制动压力的积蓄不受限制。

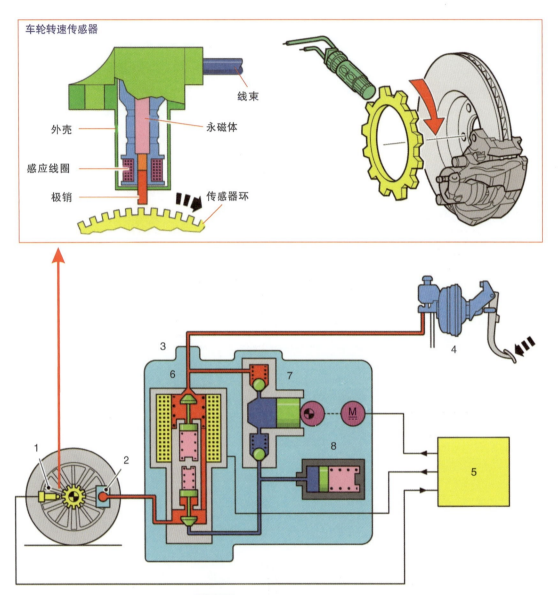

图 25-2　压力积蓄阶段的工作原理

1—车轮转速传感器
2—制动卡钳
3—液压调节器
4—制动主缸
5—控制模块
6—ABS 电磁阀
7—回流泵
8—蓄能器

压力保持阶段：如图 25-3 所示，此时电磁阀必须通过中断制动主缸与相关车轮的制动轮缸间的连接来对初期车轮抱死状况做出反应，以防止压力进一步增大。ABS 控制模块会向电磁阀输入保持电流，使其移动并保持在一个中间位置，进而使三个端口相互隔离。

压力下降阶段：如图 25-4 所示，车轮出现抱死现象时，系统通过打开相关制动卡钳、回油管和蓄能器之间的通道，释放多余的制动压力。此时 ABS 控制模块会向电磁阀输入最大电流。压力下降至合适范围后，电磁阀会根据即时需求返回至压力保持位置或其未通电时的位置。

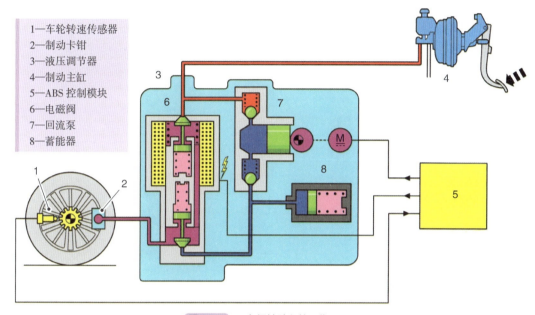

图 25-3　压力保持阶段的工作原理

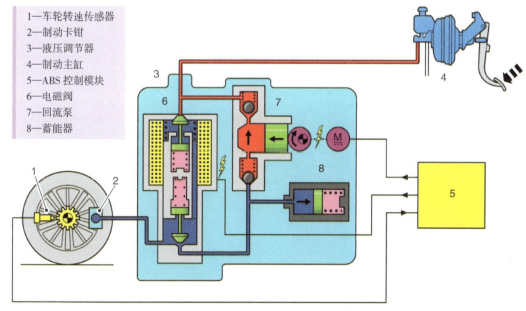

图 25-4　压力下降阶段的工作原理

3. ABS/ESP 液压单元与控制单元

ABS/ESP 液压单元与控制单元的结构如图 25-5 所示。ESP 压力传感器集成在液压单元内,这种集成结构可减少电缆的使用并提高安全性。如果车上装有自适应定速巡航装置(ACC),则 ABS/ESP 液压单元内会集成有三个压力传感器,除感知初级管路中的制动压力外,还要感知右前轮和左前轮制动器中的制动压力。

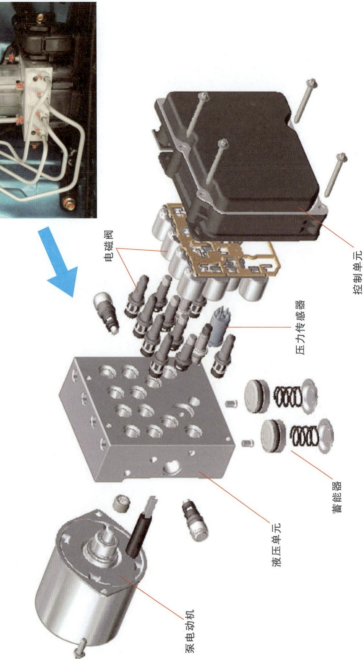

图 25-5 ABS/ESP 液压单元与控制单元

4. ESP

ESP（电子稳定控制系统）是车辆的主动安全装置。ESP 在 ABS 的基础上增加了转向盘转角传感器、车身横向加速度和偏摆率传感器，它通过对车轮制动器和发动机动力的控制，实现对车辆侧滑的纠正。

ESP 提高了所有驾驶工况下的主动安全性。尤其是在转弯工况下，ESP 能维持车辆稳定，保持车辆在车道上正常行驶。ESP 的工作原理如图 25-6 所示。

①车辆遇到障碍物时进行紧急规避，ESP根据传感器信息判断出现在是不稳定状态，立即对左后车轮实施制动。于是车身的转向动作得到了加强，以顺利规避障碍物。

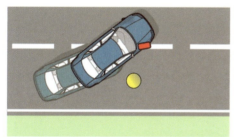

②当车辆左转弯行驶时，驾驶人向右转向，为加强反转向动作，右前轮制动。后车轮可自由旋转，以保证在后桥产生最佳侧向力。

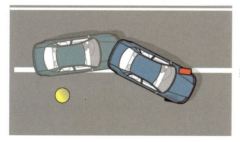

③这种轮迹变化导致车辆绕垂直轴线转动，为避免甩尾，左前轮制动。

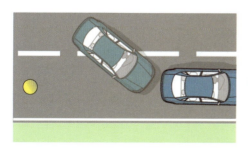

④车辆的不稳定状态得到校正后，ESP结束调节工作。

图 25-6　ESP 的工作原理

ESP 的组成如图 25-7 所示。在汽车行驶过程中，转向盘转角传感器监测汽车转弯方向和角度，车速传感器监测各车轮转速，制动主缸压力传感器监测制动力，而偏摆率传感器和横向加速度传感器则监测汽车的横摆和侧倾速度。控制单元根据这些信息，通过计算后判断汽车安全行驶与驾驶人操纵汽车意图间的差距，然后由控制单元发出指令，调整发动机的转速和车轮制动力。

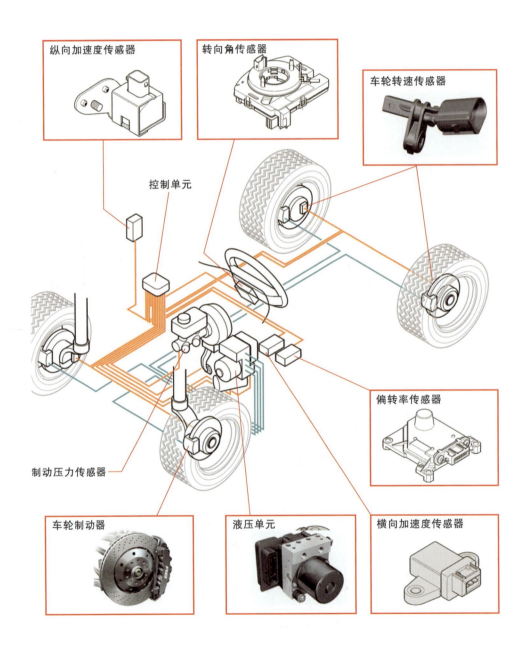

图 25-7 ESP 的组成

第 26 天　汽车空调系统

1. 概述

空调系统用于调节汽车驾驶室内的空气温度、湿度、流速、流向和清洁度，为驾乘人员创造舒适的车内环境。汽车空调系统的组成如图 26-1 所示。空调的制冷系统将驾驶室内空气的热量传导至蒸发器后散发。

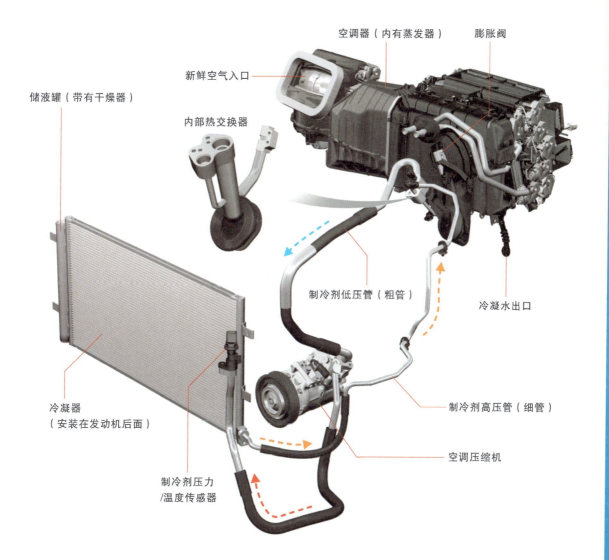

图 26-1　汽车空调系统的组成

汽车空调系统的工作原理如图 26-2 所示。在鼓风机的作用下，系统通过前风窗玻璃下部的外部进气口吸入新鲜空气，或通过驾驶室内的内部进气口吸入内循环空气，空调滤清器对吸入的空气进行过滤。清洁的空气经蒸发器冷却或加热器加热后，具有一定的温度、湿度和流速，最终通过送风管路和送风口吹出。

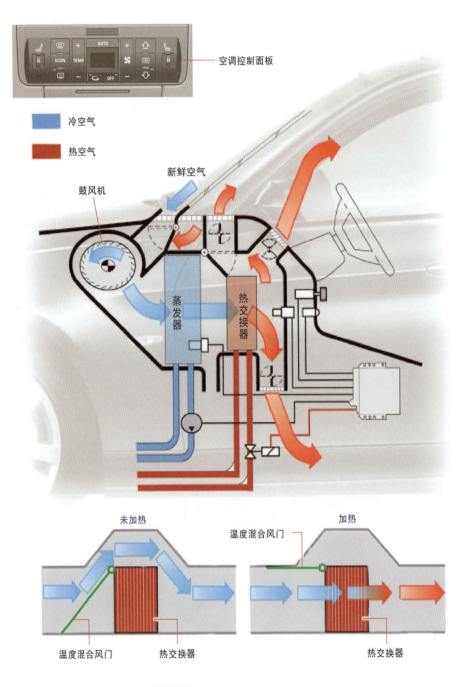

图 26-2　汽车空调系统的工作原理

2. 空调制冷系统

空调制冷系统相当于汽车驾驶室内的"热量搬运工"。它利用沸点很低的制冷剂在汽化过程中吸收周围空气中的热量这一原理,将车内空气中的热量传导给制冷剂,再通过冷凝器和散热风扇将热量散发到车外空气中去,达到使车内降温的目的。空调制冷系统的组成如图26-3所示。

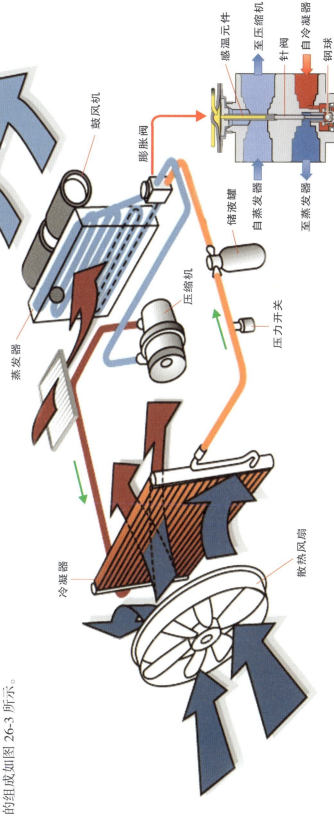

图26-3 空调制冷系统的组成

189

空调制冷剂循环系统的工作原理如图 26-4 所示。制冷剂经过膨胀阀后在蒸发器内膨胀，汽化吸热，蒸发器温度降低。鼓风机风扇将空气从蒸发器表面吹过，蒸发器吸收空气的热量，空气温度降低后吹入驾驶室。

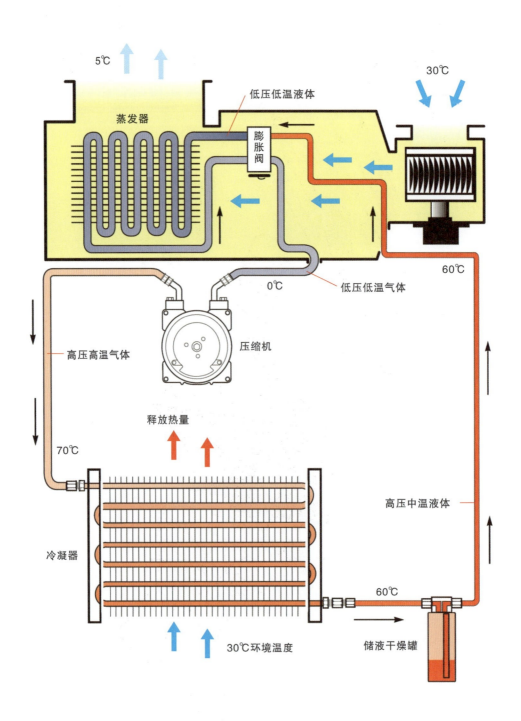

图 26-4 空调制冷剂循环系统的工作原理

3. 空调送风系统

汽车空调的送风配气系统由空气净化装置、进气风门、混合气调节风门、送风模式风门、空气分配管道及风门控制机构等组成。空调送风系统的结构如图 26-5 所示。

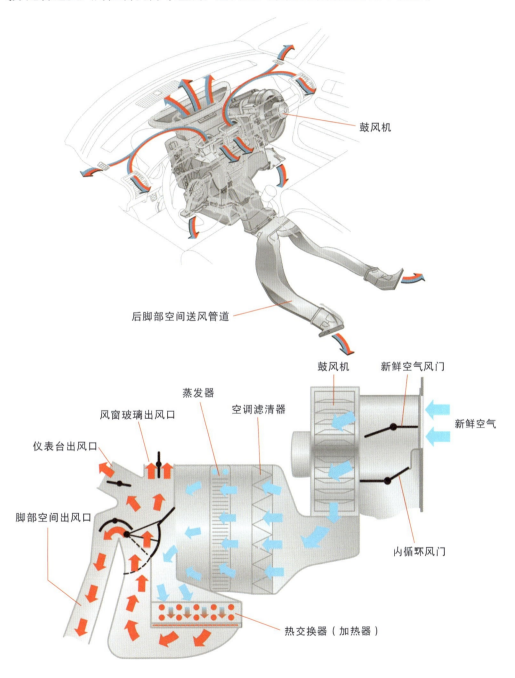

图 26-5 汽车空调送风系统

宝马 F20/F30 空调系统的空气通道与出风口如图 26-6 所示。

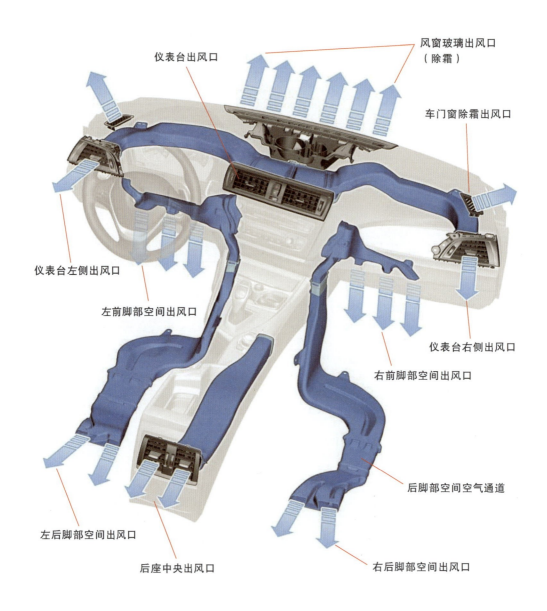

图 26-6 宝马 F20/F30 空调系统的空气通道与出风口

第 27 天　汽车电器系统

1. 电动车门窗系统

电动车门窗系统通过伺服电动机和升降机构来驱动车门窗玻璃移动，系统通过电动车门窗开关操作。如图 27-1 所示，车门窗玻璃固定在前后导轨的两个托架上。当电动机运行时，托架在拉索的驱动下按指定的方向在导轨上滑动，使车门窗玻璃上升或下降。

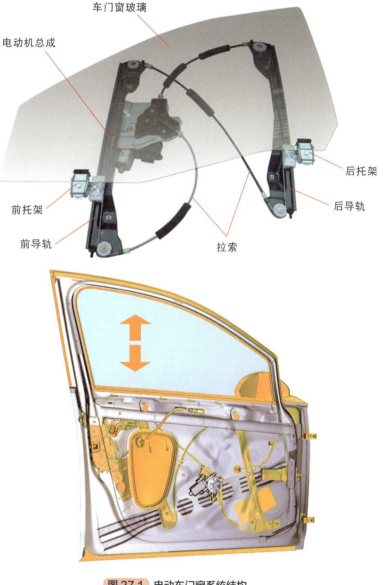

图 27-1　电动车门窗系统结构

2. 电动刮水和清洗装置

刮水器和清洗装置的作用是刮除/清洗风窗玻璃上的雨水、积雪或灰尘等，以保持视野清晰。电动刮水和清洗装置的组成如图 27-2 所示。

图 27-2　电动刮水和清洗装置

1—清洗喷嘴　　　　　　　4—刮水器组合开关　　　7—左侧前照灯清洗装置喷嘴
2—前风窗玻璃刮水器　　　5—后风窗玻璃刮水器　　8—清洗液储液罐
3—雨量传感器　　　　　　6—前部刮水器电动机　　9—右侧前照灯清洗装置喷嘴

3. 电动天窗系统

电动天窗具有倾斜开启和滑动开启的功能,其主要作用是利用车辆行驶过程中天窗外部形成的负压将车内空气排出车外,改善车内空气质量。如图 27-3 所示,电动天窗系统主要由天窗开关、天窗电动机及控制单元、天窗总成等组成。

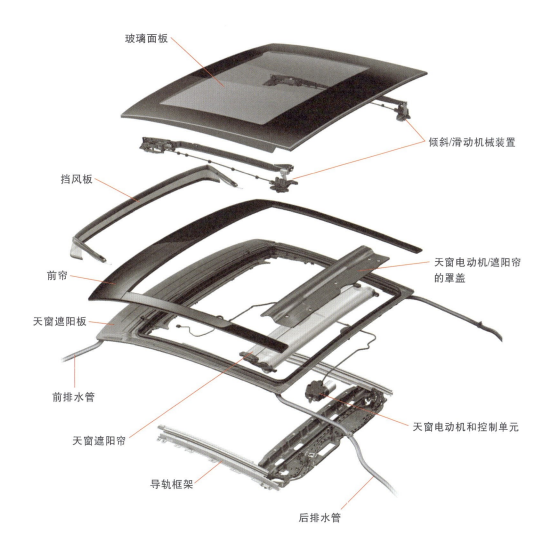

图 27-3 全景天窗系统的结构

4. 门锁遥控系统

门锁遥控系统是不使用钥匙，而利用发射器在一定距离内锁定/解锁车门的无线遥控装置。门锁遥控系统的结构如图 27-4 所示。每个车门锁内安装有两个用于上锁/解锁和上保险/解除保险的电动机，另外在车门锁内还装有各种微型开关用来检测门锁状态。

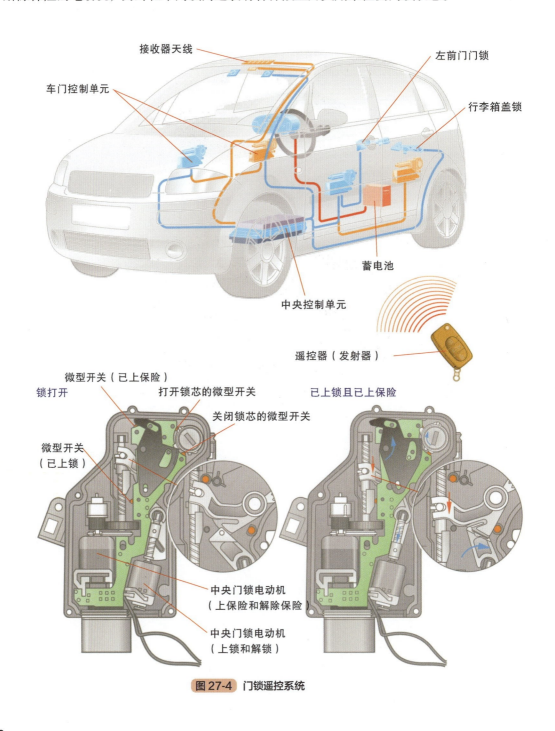

图 27-4 门锁遥控系统

5. 智能钥匙系统

智能钥匙系统又称"无钥匙进入与起动系统",可实现在不操作遥控器的情况下解锁车门并起动发动机的功能。系统的组成与工作原理如图 27-5 所示。

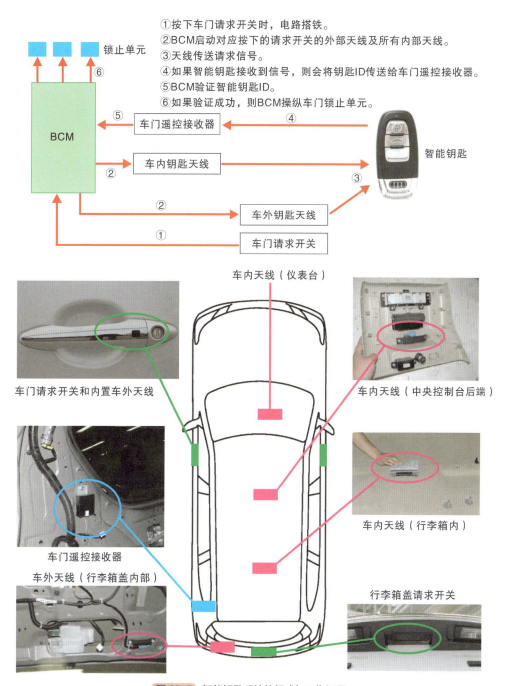

图 27-5 智能钥匙系统的组成与工作原理

6. 照明系统

汽车照明系统的作用是在夜间或能见度低的情况下，为驾驶人、乘客和交通管理人员提供照明，向其他车辆和行人发出提示或警告。系统主要由灯具、电源和控制电路（包括灯光控制开关）三部分组成。车身前部照明系统的主要构成部件如图 27-6 所示。

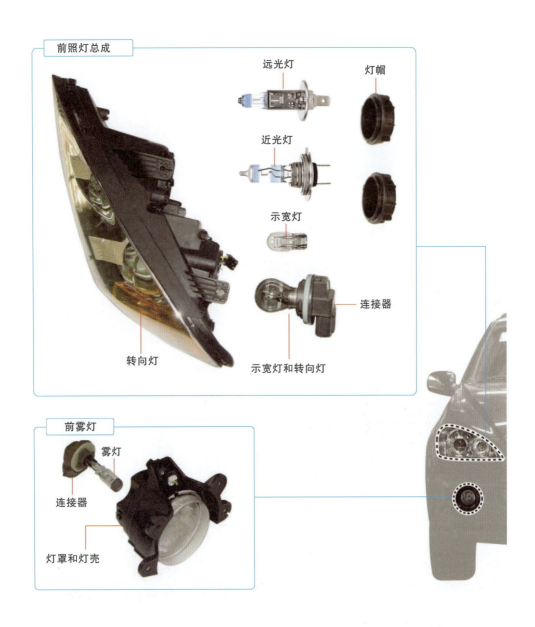

图 27-6　车身前部照明系统的构成

7. 音响系统

汽车音响系统主要由音响主机、功率放大器、扬声器、天线、声音处理设备及附件组成。标准汽车音响系统的组成如图 27-7 所示。

音响系统由蓄电池经点火开关供电,点火开关置于 ACC、ON 位时,均可开启音响系统。收音机天线接收到 FM、AM 广播,传送到音响主机进行处理,然后由扬声器发出声音。

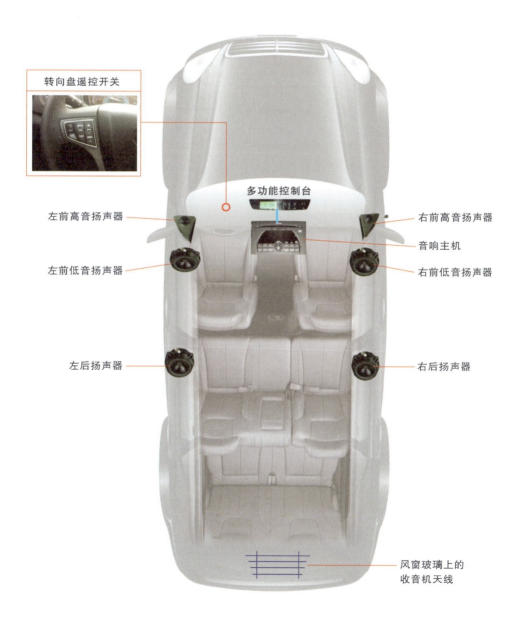

图 27-7 标准汽车音响系统的组成

应用在汽车上的 MIB 旗舰型丹拿音响的结构如图 27-8 所示。

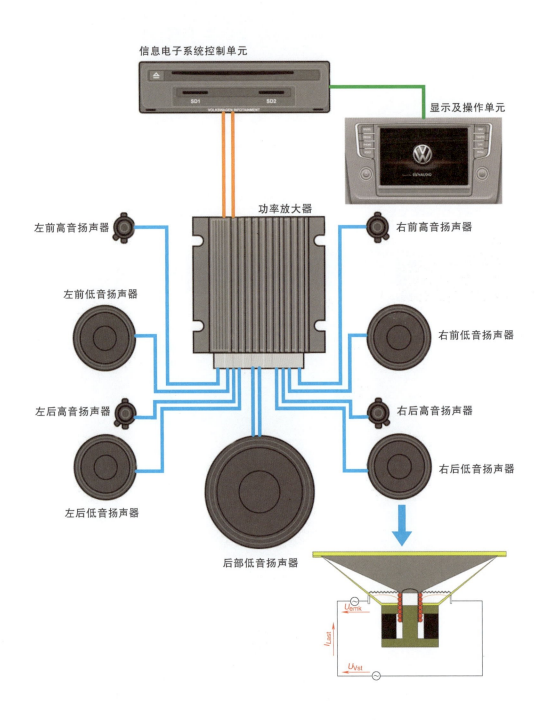

图 27-8　MIB 旗舰型丹拿音响的结构

8. 安全气囊系统

安全气囊系统（SRS）的工作原理如图 27-9 所示。当汽车发生碰撞事故时，安全气囊控制单元（SRS ECU）通过碰撞传感器检测到冲击力（车辆减速度）超过设定值时，SRS ECU 立即接通充气元件中的电爆管电路，迅速为安全气囊充气并弹出，缓解碰撞冲击，保护驾驶人和乘客。

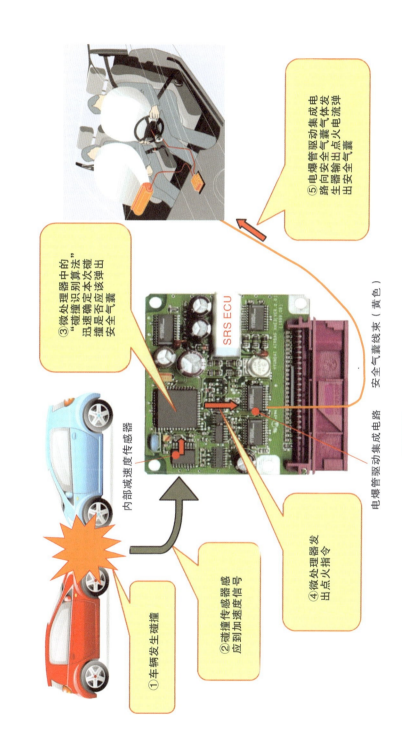

图 27-9 安全气囊系统的工作原理

现代汽车的安全气囊系统包括碰撞传感器、安全气囊控制单元、故障指示灯、驾驶侧安全气囊、乘客侧安全气囊、前/后座侧安全气囊、座椅安全带收紧器等。安全气囊系统的构成如图27-10所示。

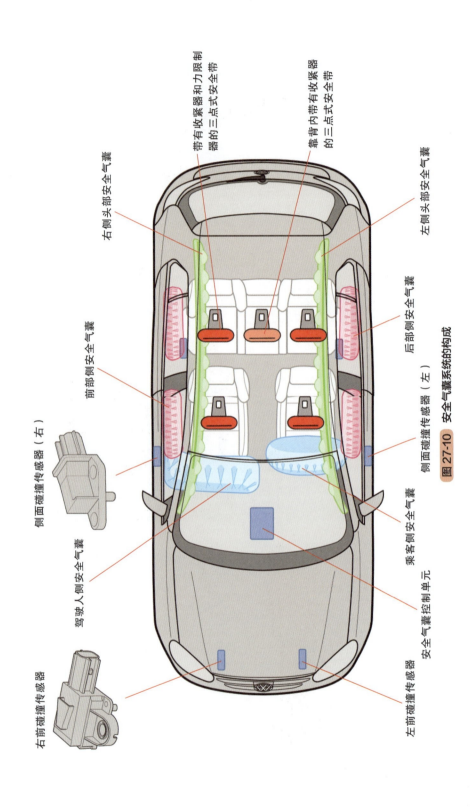

图27-10 安全气囊系统的构成

第28天 车身结构

1. 白车身

白车身指完成焊接但未涂装的车身，不包括四门两盖等活动件。涂装后的白车身加上内外饰和电气系统，再加上底盘和动力总成就组成了整车。白车身的结构如图28-1所示。

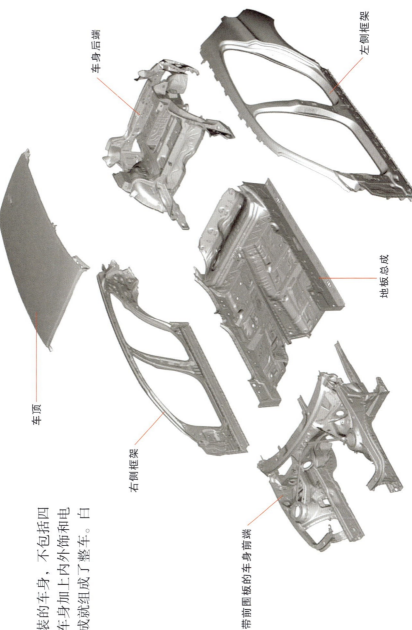

图 28-1 白车身的结构

2. 车门

如图 28-2 所示，车门由带有固定导轨的车门外板和用于固定安装件的车门内部总成组成。车门窗玻璃在安装时被锁入车门窗升降器中。如果要拆卸车门窗玻璃，则按下锁止凸耳。

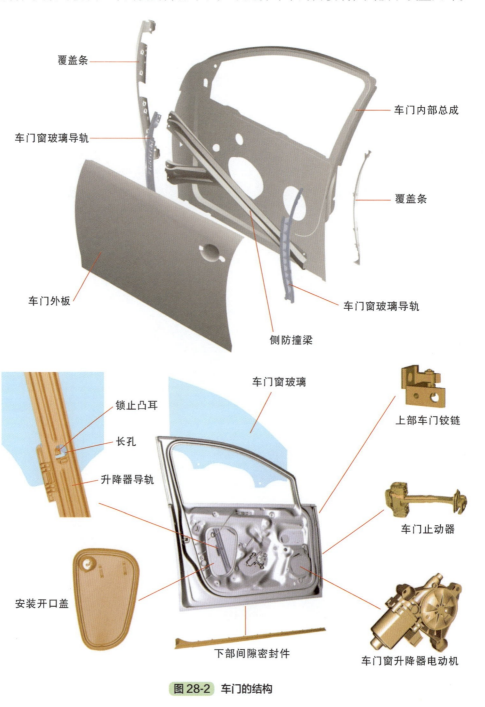

图 28-2 车门的结构

3. 发动机舱盖与行李箱盖

发动机舱盖（图 28-3）是最醒目的车身构件，对它的主要要求是隔声好、质量轻、刚性强。发动机舱盖一般由外板和内板组成，中间夹有隔热材料，内板起到增强刚性的作用。

行李箱盖（图 28-4）也有外板和内板，内板有加强肋。行李箱盖开启后的支撑件一般用勾形铰链或四连杆铰链连接，铰链装有平衡弹簧，使操作过程相对省力，并可自动固定在打开位置。

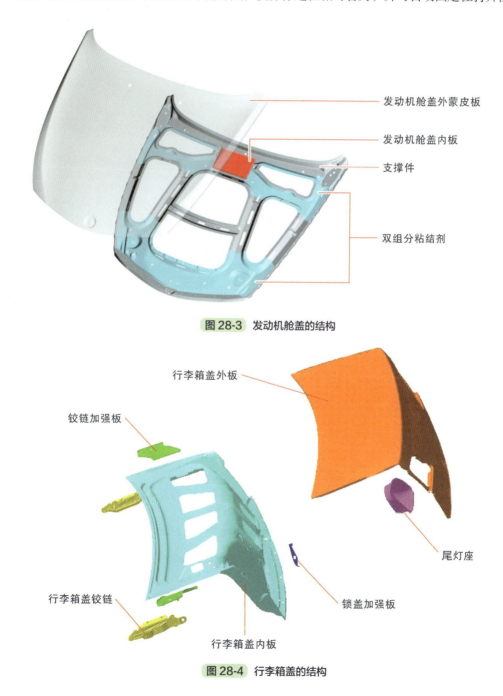

图 28-3 发动机舱盖的结构

图 28-4 行李箱盖的结构

4. 前后保险杠

保险杠是汽车吸收和缓冲外界冲击力、防护车身前后部的安全装置。一般汽车的塑料保险杠由外板（罩）、缓冲材料和横梁三部分组成。其中，外板用塑料制成，缓冲材料用高密度泡沫制成，横梁用冷轧薄板冲压成型。外板和缓冲材料附着在横梁上，如图28-5和图28-6所示。

图 28-5 前保险杠的结构

图 28-6 后保险杠的结构

5. 侧框架和车顶

车身侧框架和车顶的结构如图 28-7 所示。

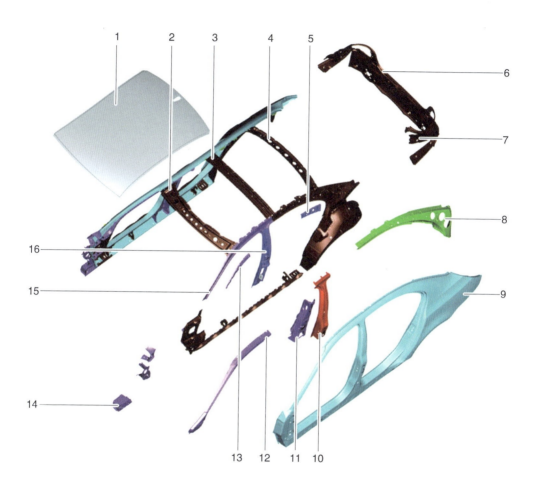

图 28-7 侧框架和车顶的结构

1—车顶面板
2—天窗框板
3—车顶弓形架
4—后风窗框
5—C 柱加强件支架
6—尾部饰板
7—C 柱尾部饰板拉带
8—C 柱加强件
9—侧车架
10—B 柱上部加强件
11—B 柱下部加强件
12—A 柱上部加强件
13—A 柱加强件支架
14—车门槛加长件
15—前部内侧侧框架
16—B 柱内侧

6. 底板总成

车身底板（地板）是整个驾驶室的基础，它支撑着架驶室，驾驶人和乘员的重量，同时还承受汽车运动中产生的振动、冲击和扭矩。底板对整车的钢声、隔声性能和乘坐舒适性有很大影响。车身底板总成的结构如图28-8所示。

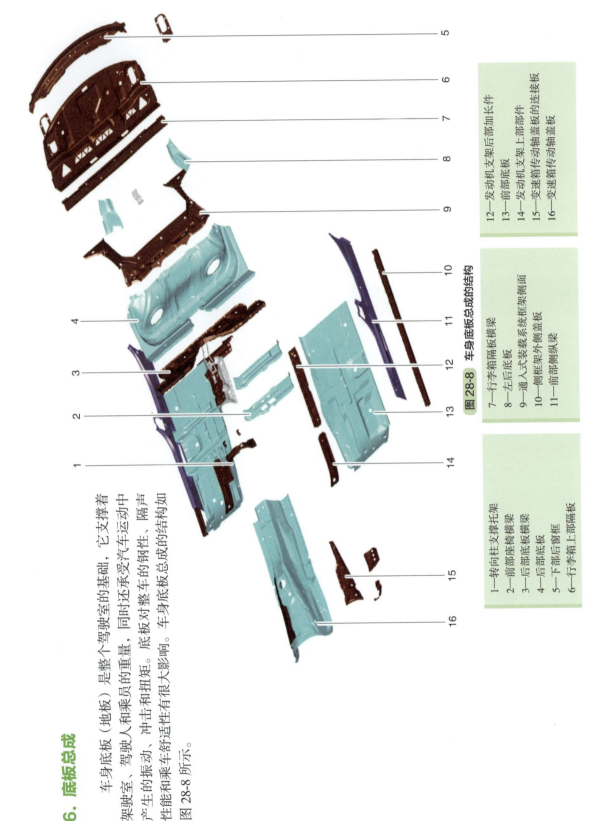

图28-8 车身底板总成的结构

1—转向柱支撑托架　2—前部座椅横梁　3—后部底板横梁　4—后部底板　5—下部后窗框　6—行李箱上部隔板　7—行李箱隔板横梁　8—左后底板　9—通入式装载系统框架侧面　10—侧框架外侧盖板　11—前部侧纵梁　12—发动机支架后部加长件　13—前部底板　14—发动机支架上部部件　15—变速箱传动轴盖板的连接板　16—变速箱传动轴盖板

第29天 纯电动汽车（EV）

1. 纯电动车概述

纯电动汽车将从充电装置输出的交流电存储到锂离子电池（高压电池）中。然后，使用电机将储存的电能转换为驱动力。纯电动汽车还可在减速时将电机用作发电机以再生电能，并将再生电能存储到锂离子电池中，以增加续驶里程。纯电动汽车的基本结构如图29-1所示。

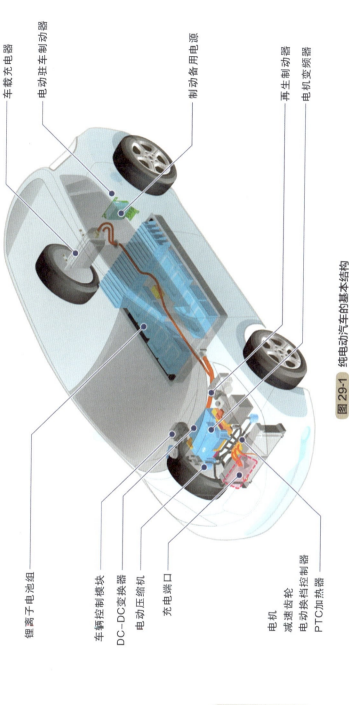

图29-1 纯电动汽车的基本结构

标注：车载充电器、电动驻车制动器、制动备用电源、再生制动器、电机变频器、锂离子电池组、车辆控制模块、DC-DC变换器、电动压缩机、充电端口、电机、减速齿轮、电动换档控制器、PTC加热器

电动车与燃油车的区别

纯电动汽车的动力结构如图29-2所示。直流电从高压电池流向逆变器,逆变器将直流电转换为三相交流电,给电机施加交流电,使电机旋转。车辆向前(D)或倒后(R)行驶通过改变电流方向实现。

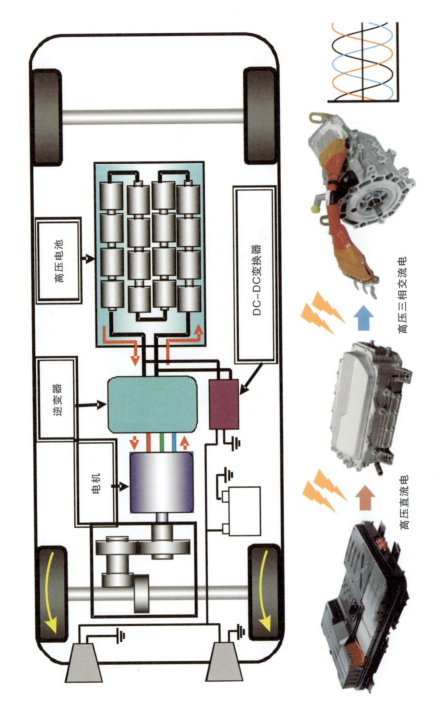

图29-2 纯电动汽车的动力结构

纯电动汽车（EV） 第29天

纯电动汽车的高压系统组成及部件功能如图 29-3 所示。

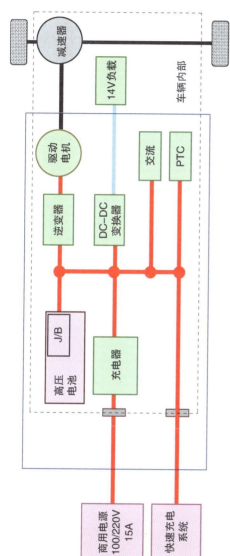

电机	电机利用高压电池的电能产生驱动力，在减速时产生制动力，并能充当发电机对高压电池充电
逆变器	逆变器将高压电池的直流电转换为三相交流电输送给电机。它负责控制电机的输入／输出（转矩）
充电器	充电器将商用电源的交流电转换为直流电输送给高压电池
快速充电线	快充系统从外部充电站（电能转换器）为高压电池提供电能
高压电池	高压电池将电能输送到驱动系统和辅助系统。在充电过程中，或在减速过程中再发电时，可进行电能存取
DC-DC 变换器	DC-DC 变换器可降低电压，为 12V 电源设备供电
J/B 接线盒	接线盒将高压电池的直流电输送到高压系统

图 29-3 纯电动汽车的高压系统

211

2. 宝马 i3 纯电动车

宝马 i3 纯电动车的高电压组件和电驱动装置分别如图 29-4 和图 29-5 所示。

1—电气加热装置
2—高电压蓄电池
3—增程电机
4—增程电机电子装置
5—电机电子装置
6—便捷充电电子装置
7—电机
8—电动制冷剂压缩机

图 29-4 宝马 i3 纯电动车的高电压组件

1—变速器
2—电机电子装置
3—支撑臂轴承
4—支撑臂
5—后桥模块
6—电机
7—稳定杆连杆
8—右侧半轴

图 29-5 宝马 i3 纯电动车的电驱动装置

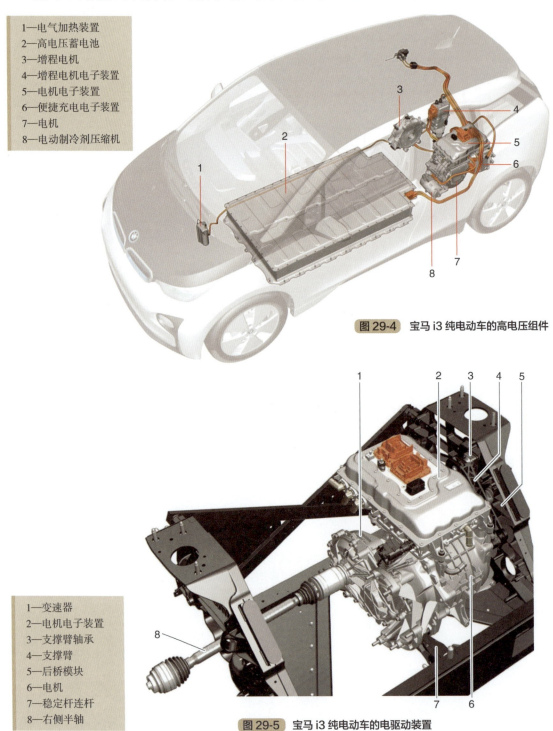

为提高续驶里程,宝马 i3 增程型配备了增程器,它是一款运行非常平稳且噪声非常低的 2 缸汽油发动机。增程器通过驱动增程电机可提高续驶里程。i3 增程型的传动系统如图 29-6 所示。

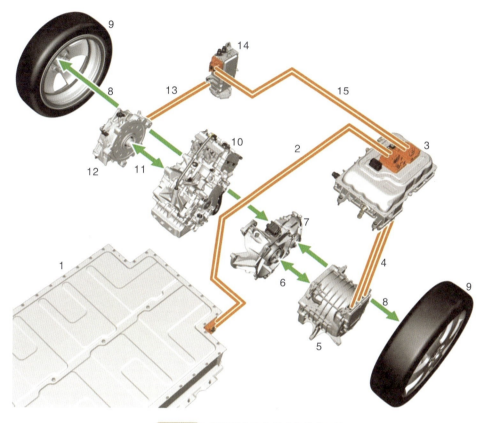

图 29-6 增程型电动车的动力传动系统

1—高电压蓄电池
2—高压蓄电池与电机电子装置之间的高压导线(2 芯)
3—电机电子装置
4—电机电子装置与电机之间的高压导线(3 相)
5—电机
6—从电机到变速器以及从变速器到电机的动力传递(机械能)
7—变速器
8—通过半轴从变速器到后车轮以及从后轮到变速器的动力传递(机械能)
9—后车轮
10—增程器(W20 内燃机)
11—从内燃机到增程电机的双向动力传递(机械能)
12—增程电机
13—增程电机与增程电机电子装置之间的高压导线(3 相)
14—增程电机电子装置
15—增程电机电子装置与电机电子装置之间的高压导线(2 芯)

3. 奔驰 smart 纯电动汽车

奔驰 smart 纯电动汽车的高电压组件及电驱动系统的组成如图 29-7 所示。

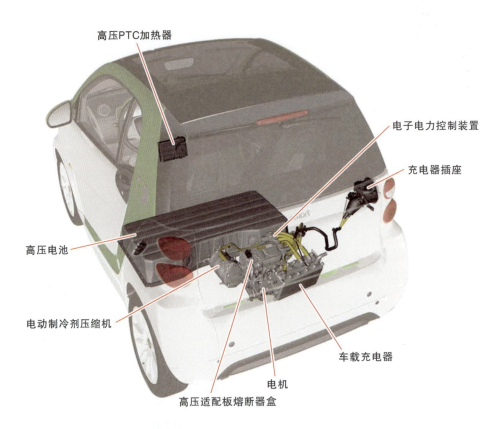

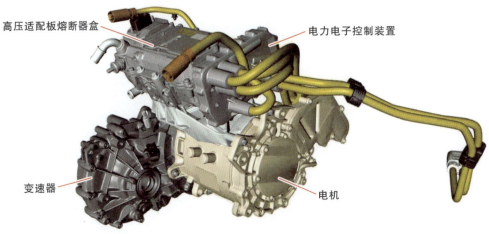

图 29-7 奔驰 smart 纯电动汽车的高电压组件及电驱动系统

第30天　混合动力汽车（HV/HEV）

1. 混合动力系统概述

混合动力系统指由两个或两个以上不同动力源组成的动力系统，简称 HV 或 HEV。混合动力系统可分为串联式、并联式和混联式（串-并联式）。此外，还包括插电式混合动力系统（PHEV）。

串联式： 如图 30-1 所示，发动机仅驱动发电机给高压电池充电，高压电池为电动机供电，电动机驱动车轮。

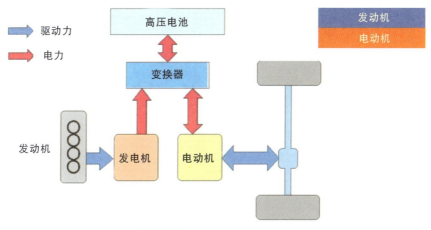

图 30-1　串联式混合动力系统

并联式： 如图 30-2 所示，发动机和电机都可驱动车轮，以发动机为主，电机为辅。
发动机既可驱动车轮，也可驱动电机给高压电池充电。发动机驱动车轮时，高压电池可向电机供电，使电机也驱动车轮。电机兼顾发电机和电动机的功能。

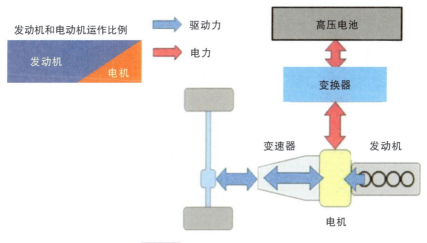

图 30-2　并联式混合动力系统

混联式：发动机和电机都可驱动车轮，以电机为主，发动机为辅。新能源汽车通常采用混联式混合动力系统（图30-3）。

起步低速运行时，高压电池向电机供电，电机驱动车轮。同时，发动机可驱动发电机给高压电池充电。加速时，发动机和电机同时驱动车轮。尽管混联式混合动力系统较复杂，但运作高效，燃油经济性较高。

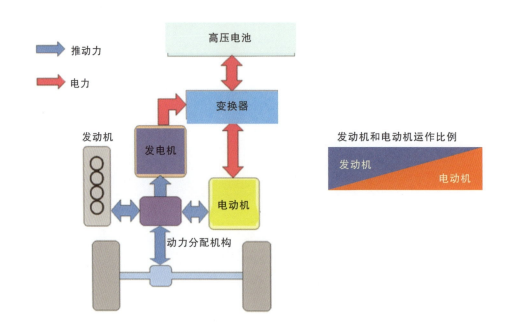

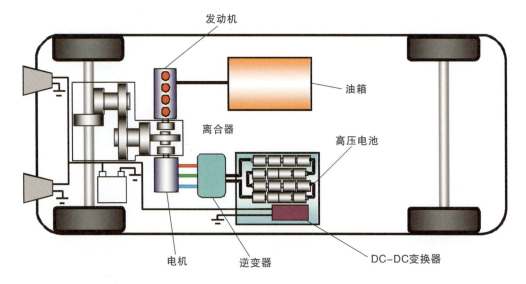

图30-3 混联式混合动力系统

日产混合动力系统的工作原理如图 30-4 所示。

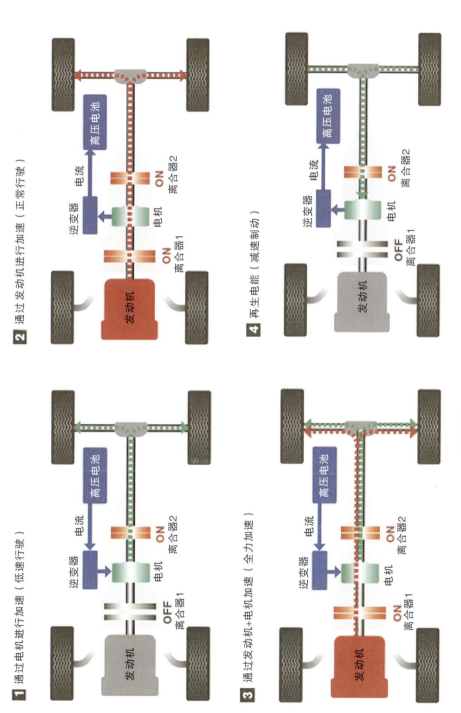

图 30-4 混合动力系统的工作原理

2. 丰田混合动力系统

丰田 THS Ⅱ 混合动力系统的主要组件如图 30-5 所示。变频器的作用是将 HV 蓄电池的高压直流电（DC）转换成高压交流电（AC），以驱动混合动力驱动桥中的电动机，也可逆向将电机（作为发电机）发电时产生的交流电转换成直流电，以给 HV 蓄电池充电。变频器中的 DC-DC 变换器可将 HV 蓄电池的高压直流电转换成 14V 直流电，然后给辅助蓄电池充电。

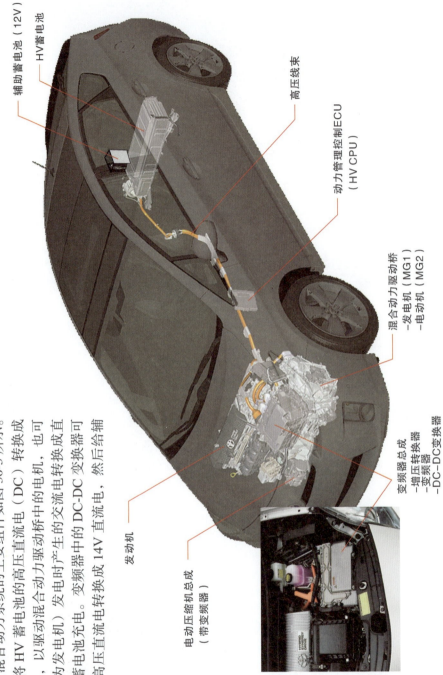

图 30-5 丰田 THS Ⅱ 混合动力系统的主要组件

混合动力汽车(HV/HEV) 第30天

丰田THS II混合动力系统的结构如图30-6所示。系统由电动机、发动机、HV蓄电池、发电机、动力分离装置和电子控制单元(变频器、变换器)组成。利用混合动力驱动桥将发动机的动力分成两部分,一部分用来直接驱动车轮,另一部分用来驱动发电机,以给电动机和HV蓄电池供电。

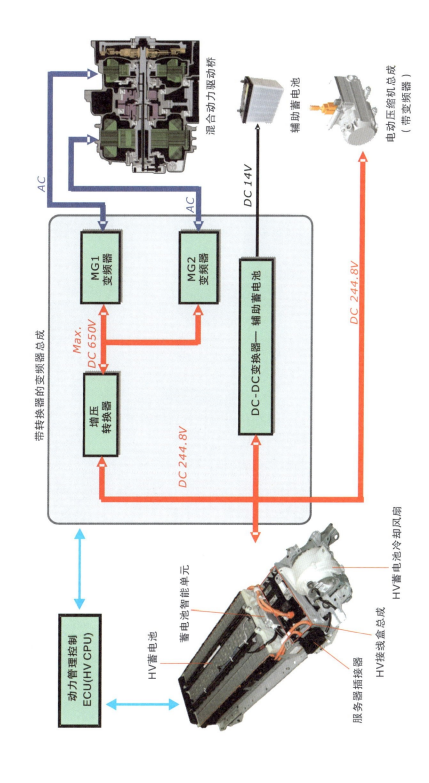

图30-6 丰田THS II混合动力系统的结构

219

丰田混合动力系统的组成如图 30-7 所示。发动机、电机 MG1 和齿圈组成了动力分配行星组，电机 MG2、固定的行星架和齿圈组成了电机减速行星组。根据行驶条件的不同，可仅靠电机驱动行驶，或同时利用发动机和电机驱动行驶。电机（MG1）可一边驱动车轮，一边给 HV 蓄电池充电。

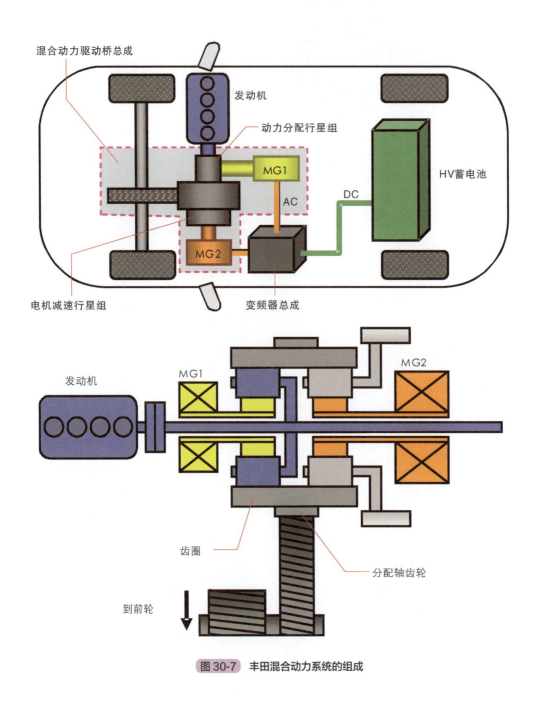

图 30-7　丰田混合动力系统的组成

3. 奔驰混合动力系统

奔驰 S400 混合动力系统的结构如图 30-8 所示。S400 HYBRID 配备了平行混合动力驱动系统。通过该驱动系统，内燃机和电机均与驱动轮机械相连（发动机与电机平行连接），电机和发动机输出的功率可叠加，使车辆具有更好的加速性能。

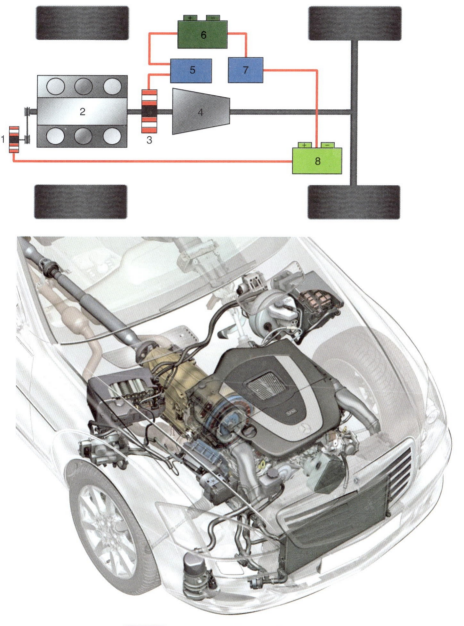

图 30-8 奔驰 S400 混合动力系统的结构

1—12V 发电机
2—发动机
3—电机
4—7 档自动变速器
5—电力电子模块
6—高压蓄电池
7—DC-DC 变换器
8—12V 蓄电池

奔驰 S400 混合动力系统的部件构成如图 30-9 所示。电机的转子与曲轴直接相连，位于发动机与自动变速器之间。

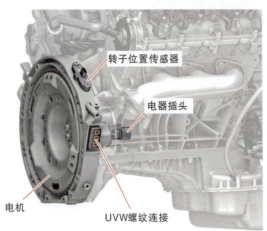

1—高压蓄电池模块
2—DC-DC 变换器
3—电力电子模块
4—电机
5—踏板总成
6—再生制动系统（RBS）制动助力器
7—电动真空泵
8—电动制冷剂压缩机
9—低温冷却器
10—低温回路循环泵
11—电液动力转向机构
12—带再生制动系统的控制单元

图 30-9　奔驰 S400 混合动力系统的部件

奔驰 S400 混合动力系统包含一个可作起动机和高压发电机用的盘形电机，其结构如图 30-10 所示。起步过程中，电机为内燃机提供支持。制动过程中，部分制动能量被转化为电能（再生制动）。

各种工作模式（发电机模式/电动机模式）之间的切换由电力电子控制单元进行控制。电力电子控制单元通过三条母线与电机相连。三相电流根据工作模式和转子的位置进行调节。这些相电流会产生一个磁场，并与转子磁场一起产生转子转动所需的磁场力。

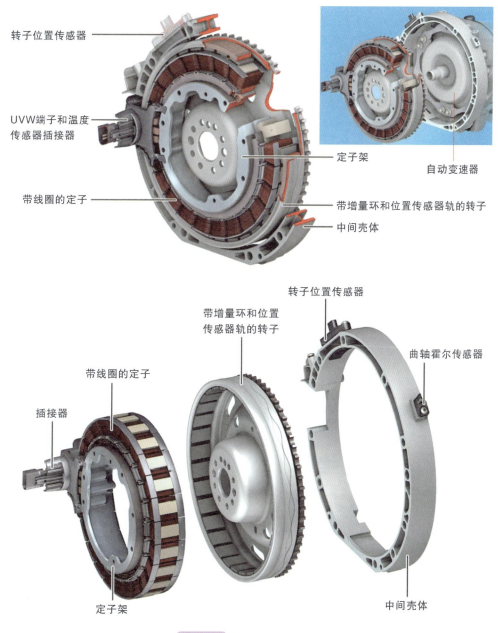

图 30-10　盘形电机的结构

☆ 好书推荐 ☆

汽车维修快速入门书系
汽车维修畅销书 累计销量 **20** 万册
京东 / 当当 / 天猫 读者好评 **3000** 条

一天一个专项　修车技能全掌握
一点一滴积累　菜鸟轻松变高手